el libro *de los* HECHIZOS

el libro de los HECHIZOS

150 RITUALES PARA CONSEGUIR LO QUE DESEAS

ELLA HARRISON

CONTENIDOS

PRÓLOGO

Crecí en una familia (mayoritariamente) alemana que cree en la magia y la practica —he convivido con sencillos rituales como lecturas del tarot y contactos con familiares difuntos mediante péndulos, he estado rodeada de cristales y mi abuela me ha leído la mano—. Silver Ravenwolf me regaló *Jóvenes y brujas* cuando tenía 11 años, edad a la que comencé a practicar la brujería. Sin embargo, mi mayor transformación y crecimiento se ha producido en los últimos años —a principios de 2016 empecé a convertirme en la bruja que soy hoy—. Mi práctica ha ido cambiando con el tiempo, en función del país en el que estuviéramos viviendo, de las influencias que me rodeaban y de la información que tuviera disponible en cada momento, y estoy convencida de que seguirá transformándose en el futuro. Aunque siempre me ha acompañado la admiración y el amor por la magia y la naturaleza.

El objetivo de este libro es convertir la práctica de la magia en algo accesible. He hablado con muchas personas que no saben por dónde empezar, o se sienten intimidadas por los hechizos y rituales. Por eso he incluido una breve introducción sobre qué es la magia, qué son los hechizos, cómo protegerte y cómo integrar la magia en tu vida cotidiana. Creo que la vida está llena de magia, y que solo necesitamos

cambiar ligeramente nuestra mentalidad para descubrirla ante nuestros ojos.

Los hechizos y rituales no tienen por qué resultar intimidantes, ni tampoco deberían necesitar ingredientes que cuesten una fortuna. Por eso, aunque en el libro mencione elementos básicos como el altar y ciertos utensilios de uso corriente, estos no son obligatorios. Me gustaría que utilizaras este libro como apoyo a tu propio camino. Toma las partes que despierten algo en ti y deja el resto; cambia elementos y hazlo tuyo. Lo que a mí me funciona tal vez a ti no te sirva —por ejemplo, mi camino personal está muy influido por la wicca tradicional, con la que tú quizás no te identifiques—.

Puede que tu camino empiece con este libro, algo que para mí sería un inmenso honor, o tal vez solo quieras aumentar tu colección de libros y este te pareció interesante, ¡lo que sería también un honor! Te animo a seguir aprendiendo toda tu vida. Y sea cual sea la fase en la que te encuentres, que este libro te ayude a comenzar, te anime a avanzar, o simplemente te inspire en tu práctica.

Ella Harrison

HECHICERÍA

¿QUÉ ES UN HECHIZO?

Cuando de manera consciente dirigimos energía a la consecución de un fin, estamos lanzando un hechizo. Esa energía puede surgir de la mente y la voluntad, de determinados objetos o ingredientes, o de prácticas y rituales.

Magia y hechizos

Cada cultura posee sus propios términos, prácticas y conceptos de magia. Hay quienes al hablar de magia aluden a los trucos de ilusionismo, y quienes están pensando en brujería o hechizos. En este libro, se emplea «magia» con este último significado. Podría decirse que nuestra propia existencia, la perfecta unión entre seres humanos, naturaleza y vida, es magia.

La senda de la hechicería

El tipo de hechizos que realices dependerá del camino que elijas, y las rutas por explorar son numerosas —hechizos ceremoniales, prácticas populares y brujería tradicional, magia del caos—. Cualquier camino o creencia es válido. Los hechizos pueden ser sencillos o complejos; algunos requieren un único ingrediente y otros forman parte de un elaborado ritual con utensilios y ceremonias muy específicos. Para descubrir qué senda prefieres, necesitarás tiempo y práctica. Y, al igual que en la cocina, tal vez debas probar varias opciones para descubrir qué te funciona mejor.

Se trata de un viaje para toda la vida, así que dispones de tiempo y no necesitas acelerar el proceso; de hecho, no podrás hacerlo. En función de lo que busques, los distintos tipos de hechizos te ofrecerán diferentes resultados. Los tarros de hechizo, por ejemplo, concentran la energía en su interior o la distribuyen a su alrededor, y actúan lentamente. Las velas liberan la energía de forma rápida y eficaz. Y los hechizos con nudos atraen o liberan energías, dependiendo de si atamos o desatamos los nudos.

Adaptar y personalizar los hechizos

Es importante ser ingenioso, pero no se pueden sustituir todos los ingredientes de un hechizo y esperar los mismos resultados. Volviendo a la analogía culinaria, para preparar una tarta de zanahoria necesitas zanahorias. No obstante, los hechizos adquieren especial poder cuando los ajustas a tus necesidades. Puedes utilizar los hechizos de este libro como se indican, o tomarlos como guía y personalizarlos. Es tu práctica, así que ¡adáptala como quieras!

¿QUIÉN PUEDE REALIZAR HECHIZOS?

Cualquiera puede practicar magia y brujería, y realizar hechizos. No necesitas seguir ninguna senda religiosa, cultural o espiritual para integrar la hechicería en tu día a día. La magia no discrimina. Si la magia y los hechizos encajan en tu vida, ¡adelante!

Wicca y brujería

No todos los practicantes de brujería son wiccanos. La wicca es una religión con la que algunas personas se identifican. La brujería es una práctica abierta a cualquiera, con propósitos y aplicaciones específicos de cada cultura, tradición o religión. La brujería sigue ciertos principios kármicos (como la «ley del tres» y «no hagas daño a nadie») que ha popularizado la wicca, aunque no todos los wiccanos y practicantes de brujería se rigen por ellos. Recuerda que trasladar ideales de una religión a otra es siempre problemático, así que tú decides.

Deidades o dioses

No tienes que creer en dioses para realizar hechizos, ni trabajar con deidades si te resulta antinatural. Existen practicantes de brujería ateos —ejemplo de ello es la magia del caos, que no se apoya en ninguna creencia específica y sugiere que el poder mágico procede de métodos experimentados que han dado buenos resultados—. Es importante creer en tu práctica y tus hechizos, pero esto no significa que debas elegir deidades con las que trabajar si esta idea no conecta contigo. Para algunas personas, creer en dioses o seres espirituales es natural; para otras, no. Ambas opciones son válidas, y tus creencias son elección tuya.

Hechizos al alcance de todos

Realizar hechizos está al alcance de cualquiera, al margen de su edad, sexo, género, origen étnico, discapacidad o religión. Convertir la hechicería en una práctica accesible es esencial. Así que, si algún hechizo del libro requiere utensilios o ingredientes que no puedas conseguir, o pasos o acciones que no puedas realizar, adáptalo y no permitas que ello te desanime o limite. Al final del libro (pp. 178-185) encontrarás un listado de correspondencias que puedes usar como sustitutos. Analiza el simbolismo de los hechizos e inspírate en él para crear los tuyos propios (pp. 174-177).

CUÁNDO REALIZAR UN HECHIZO

¿En qué momento deben realizarse los hechizos? No existe una única respuesta. Puedes hacer pequeños rituales y hechizos a diario, y dedicar los más elaborados a las fases de la luna u otros ciclos naturales, a ciertos días de la semana o a fechas señaladas.

Concreta tus deseos

Es importante definir lo que quieres obtener de un hechizo, y estar dispuesto a realizar el esfuerzo que requieren tanto el propio hechizo como el trabajo que conlleva. Recuerda que los hechizos son simbólicos, pero también efectivos en sí mismos. Pueden resultar útiles como apoyo y guía, para atraer o celebrar logros, o simplemente como forma de llevar una vida más mágica.

Lo mismo sucede con los populares hechizos de amor. Ten cuidado con los hechizos dirigidos a personas específicas, los cuales pueden acarrearte más problemas que beneficios ya que no conoces realmente a esa otra persona ni tampoco te esperas consecuencias negativas. Cuando trabajas al mismo tiempo con tu mente y con la de otra persona, la ecuación se complica. Si buscas una relación romántica, tal vez baste con atraer el amor hacia ti, en vez de especificar «quiero que Bob se enamore de mí».

Sincronización de los hechizos

¿Hay que tener en cuenta la astrología? Eso depende de tus creencias. Si te preocupa realizar un hechizo coincidiendo con Mercurio retrógrado o un eclipse, no lo hagas, ya que tu temor lo impregnará y probablemente cause efectos no deseados o haga fracasar el hechizo. Aunque es bueno enfrentarse a los miedos, no te obligues ni precipites cuando sepas que la experiencia va a ser negativa.

Algunos hechizos resultan más poderosos o dan mejores resultados en determinadas fases de la luna u horas del día, y ciertos hechizos pueden asociarse a los días de la semana. En la página 179 encontrarás las correspondencias de las fases lunares y los días que tradicionalmente se consideran más propicios para cada hechizo, pero que esto no te limite para experimentar y llevar a cabo tus hechizos en el momento que consideres más oportuno. Los hechizos también pueden sincronizarse con los ciclos del cuerpo para conectar con tu magia interior.

La intención no lo es todo

Conviene recordar también que los hechizos no son soluciones rápidas, ni harán todo el trabajo por ti. Imagina que quieres adelgazar de forma saludable. Un hechizo puede ayudarte a conseguir una actitud mental adecuada, y posiblemente te abra puertas a experiencias divertidas, pero no irá a correr por ti, ni hará que pierdas peso de la noche a la mañana.

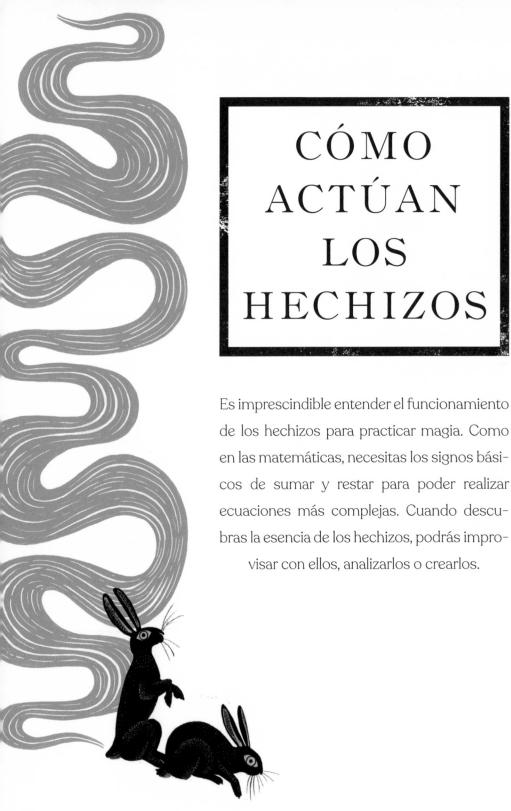

CÓMO ACTÚAN LOS HECHIZOS

Es imprescindible entender el funcionamiento de los hechizos para practicar magia. Como en las matemáticas, necesitas los signos básicos de sumar y restar para poder realizar ecuaciones más complejas. Cuando descubras la esencia de los hechizos, podrás improvisar con ellos, analizarlos o crearlos.

«La magia es solo ciencia que aún no entendemos». Arthur C. Clarke

Microcosmos y macrocosmos

La teoría del microcosmos y el macrocosmos afirma que el cuerpo humano es una versión en miniatura del universo, y que el universo influye en nosotros tanto como nosotros en él. Resulta especialmente interesante la idea de que, al igual que el ser humano posee mente, el universo dispondría de consciencia o divinidad. Esto crea un círculo que nos convertiría en seres divinos o nos conectaría con la divinidad. Puedes pensar en los hechizos y la magia como una gota que cae sobre el agua en calma; la gota crea ondas que expanden un efecto, lo que demuestra que todo está conectado.

Qué hacer si un hechizo no funciona

Cuando un hechizo no funciona, puede ser por muchos motivos. Tal vez siga activo, pero está tardando más de lo esperado —¿utilizaste los ingredientes adecuados para determinar cuándo quieres que actúe?—. Incluir el elemento fuego, intenso y de efectos inmediatos, ofrece resultados más rápidos que el elemento tierra, que es lento y constante (encontrarás más información sobre los elementos en la página 182). O quizás tengas que revisar el hechizo y determinar si los ingredientes son los adecuados.

Tal vez realizaste el hechizo en circunstancias poco favorables —el cansancio pudo provocar que te precipitaras—. En ocasiones, un hechizo debe realizarse periódicamente para que resulte efectivo; otras veces hay que rehacerlo por completo, añadiendo o cambiando cosas —es importante que tengas un grimorio o libro de hechizos (p. 22) para revisar y analizar tu práctica—. También es fundamental comprometerse con la energía del hechizo, lo que significa que tu intención es importante —es un ingrediente más—. La duda es otra de las posibles interferencias. Para evitarla, intenta olvidar el hechizo una vez que lo hayas realizado, de modo que no perturbes su energía.

BRUJERÍA ÉTICA

Cada persona tiene una opinión diferente respecto a la ética de la brujería. Al final, lo importante es que te sientas a gusto con tu práctica, respetes a los demás y seas consciente de tus actos.

Prácticas abiertas y cerradas

Casi todas las culturas del planeta poseen creencias y prácticas rituales. Con las redes sociales, la globalización y la facilidad para viajar, es más importante que nunca mostrar respeto hacia los ritos de otros pueblos. Las prácticas cerradas son las que solo pueden realizarse por nacimiento, iniciación o invitación, y sus ritos y hechizos suelen ser secretos. Las prácticas abiertas son las que puede hacer cualquiera. Descubrir de dónde vienen tus hechizos o prácticas puede resultar complicado —a menudo, estarán presentes en varios países y culturas, tanto en prácticas abiertas como cerradas, de modo que encontrar su origen es difícil—. Te recomiendo consultar varias fuentes, buscar los hechizos y prácticas en internet, o investigar de manera respetuosa por cualquier medio que tengas disponible.

Lenguaje ético

Puede que hayas oído hablar de la magia negra y la magia blanca, una terminología que conviene evitar, ya que alude a la creencia racista de que las prácticas de los africanos y las personas de color son de naturaleza malvada. Recordemos que, antaño, la magia la empleaban con frecuencia los oprimidos, que no podían confiar en la ayuda de otras personas o de la ley. Existen multitud de denominaciones alternativas, como beneficiosa y dañina, inofensiva y perjudicial, positiva y negativa...

Consecuencias de los hechizos

Uno de los aspectos más importantes de la brujería es conocer el impacto de tu práctica. Deberías reflexionar sobre las consecuencias de utilizar una magia dañina, y ser consciente de tus actos. Si te sientes cómodo realizando maleficios, seguramente haya un momento y un lugar para ellos, sobre todo en casos de protección y asuntos relacionados con la justicia, pero cuando nos enfadamos o nos sentimos heridos, tendemos a echar maldiciones sin pensar. Implicar a terceros, y en especial lastimar o imponer tus emociones a otros, puede acarrear consecuencias indeseadas si no se piensa con detenimiento. Te recomiendo seguir la máxima «No hagas a los demás lo que no quieras que te hagan a ti».

BRUJERÍA ÉTICA

CREAR UN ALTAR

No es obligatorio tener un altar, pero los practicantes de magia suelen destinar un espacio a sus hechizos. Tu altar es personal y puedes organizarlo como desees, aunque estos elementos te serán útiles:

Velas

Las hay de todas las formas, tamaños y colores. Dependiendo del hechizo o ritual, necesitarás un cirio, una vela de candelabro, de pilar, votiva o de té. Cada tipo de vela tiene una duración distinta, por lo que resulta más adecuado para unos hechizos que para otros. En la página 178 tienes una lista con las correspondencias de colores, pero puedes usar una vela blanca para sustituir la de cualquier otro color.

Incienso

Puedes usar varas de incienso para los hechizos o para purificar los utensilios e ingredientes (p. 27).

Runas

Las runas, que no hay que confundir con los sigilos, son el alfabeto germánico prelatino, usado en Europa antes del cristianismo. La versión más común en brujería es el futhark antiguo. Las runas han adquirido popularidad como herramienta adivinatoria, y también se emplean a menudo para aportar su significado a un hechizo o práctica, igual que los sigilos (p. 22). Los significados más habituales de las runas son:

 FEHU: ganado, saúco, riqueza, posesiones, suerte, adivinación y premonición

 URUZ: uro (buey salvaje), abedul, fuerza física, transformación

 THURISAZ: espina, majuelo, defensa, fronteras, nuevos comienzos

 ANSUZ: boca, fresno, señales, inspiración, comunicación divina

 RAIDO: rueda de carro, roble, círculo vital, viaje y tránsito, evolución, perspectiva

 KANO: antorcha, pino, creación, fuego, creatividad, transformación

 GEBO: obsequio, olmo, asociaciones, intercambios, contratos, gracia divina

 WUNJO: alegría, fresno, armonía, placer, saber divino, prosperidad

 HAGALAZ: granizo, tejo, alteración, naturaleza salvaje, protección, poder

 NAUTHIZ: necesidad, fresno, resistencia, supervivencia, transformación, fuerza

 ISA: hielo, aliso, frustración, introspección, disciplina

 JERA: recolección, roble, paz, prosperidad, buena cosecha

 EIHWAZ: defensa, tejo, liberación, fuerza, confianza, protección

 PERTHRO: cubilete para dados, álamo, misterios, iniciación, adivinación y premonición

 ALGIZ: alce, tejo, protección, conexión divina, alejar el mal

SOWELO: sol, enebro, éxito, metas, totalidad, renovación

 TIWAZ: Tyr, dios, honor, justicia, guerrero, sacrificio personal

 BERKANA: diosa, abedul, fertilidad y nacimiento, crecimiento, nuevo comienzo

 EHWAZ: caballo, fresno, traslado, armonía, colaboración, lealtad y confianza

 MANNAZ: humanidad, acebo, el yo, memoria, orden social

LAGUZ: agua, sauce, sanación y renovación, sueños, fantasía y subconsciente

 INGUZ: dios, manzana, fertilidad masculina, gestación, crecimiento interior

 DAGAZ: día, pícea, avance, despertar, realización personal

OTHILA: propiedad, majuelo, protección en viajes físicos y espirituales, legado, abundancia

Sigilos

Son los símbolos más comunes en brujería y se usan en vez de las runas o en combinación con ellas. La rueda que ves arriba te servirá para crear tus propios sigilos. Se puede adaptar e incluir tantos niveles como sean necesarios para incorporar todas las letras o caracteres de tu idioma.

Toma la palabra o frase que quieras transformar en sigilo. Une sus letras con líneas en la rueda para recrear la palabra o frase en formato sigilo (ver diagrama abajo). Otro método consiste en descomponer las letras en líneas rectas y curvas y usar estas para dibujar tu sigilo.

Cristales

Puedes utilizar los cristales como ingrediente en los hechizos, o trabajar con ellos de forma independiente aprovechando sus energías asociadas —para aportar energía a un espacio o sanar—. En las páginas 180-181 encontrarás una lista con las correspondencias más habituales de los cristales.

Nudos

Los nudos sirven para amarrar o liberar energía. Pueden usarse nudos, pero también trenzas. Los practicantes de magia suelen tener siempre unas cuantas cuerdas para hechizos con nudos, en las que también pueden emplearse correspondencias de colores (p. 178).

Caldero

El caldero es el recipiente en el que los practicantes de magia mezclan ingredientes y los queman para liberar sus energías. Un sencillo cuenco resistente al fuego puede servir de caldero.

Grimorio

El grimorio, también llamado libro de sombras o simplemente libro o diario de hechizos, será tu herramienta más importante y el único elemento absolutamente imprescindible. En este diario irás anotando tus hechizos y toda la información que resulte significativa para tu práctica. Puedes incluir fases lunares, correspondencias, prácticas o rituales personales, sueños... Cualquier detalle relacionado con tus hechizos puede formar parte de él.

SIGILO DE MÁGICO
Deja la forma básica o
decórala para personalizarla.

Cartas del tarot

Son una herramienta adivinatoria y se utilizan como guía o medio de introspección. Conviene que tu primer mazo de cartas tenga imágenes claras (como las del tarot Rider-Waite). Sacar e interpretar una carta del tarot cada día es una manera excelente de incluir la magia en tu rutina cotidiana.

Herramientas de grabado

Siempre es útil disponer de herramientas de grabado para la práctica. El *boline* es un cuchillo tradicional para cortar hierbas y grabar velas o runas, pero las espinas, las agujas o incluso los palillos te servirán igual para esta tarea.

Athame

El *athame*, una herramienta habitual en tradiciones ritualistas como la wicca y thelema, es un cuchillo de doble filo que se usa en las ceremonias. Su propósito no suele ser cortar, sino dirigir la energía, en especial al trazar un círculo. En ciertos caminos espirituales se utiliza junto al cáliz para representar la unión del dios y la diosa.

Cáliz

El cáliz es una copa que suele usarse en ceremonias y rituales junto al *athame*. También es la copa de la que beben los miembros de un aquelarre (grupo de practicantes de brujería) o un practicante solitario durante un ritual para conectarse con algún otro o con las energías del universo.

Recipientes

No tardarás en descubrir que un practicante de brujería jamás tiene demasiados frascos y botellas. Pueden usarse para los hechizos (como en las botellas de bruja) o para guardar hierbas, cristales y demás ingredientes.

Mortero

Esta práctica herramienta sirve para triturar y pulverizar ingredientes.

Varita mágica

La varita es una extensión de tu brazo, o eso afirman muchos practicantes de brujería. En algunas tradiciones se sustituye por un bastón —ambos sirven para dirigir la energía—. La varita mágica se usa para trazar círculos (p. 26) y dibujar sigilos o runas en el aire.

Escoba

La escoba consagrada sirve para barrer el polvo y las energías negativas.

Pentáculo

El pentáculo representa los cinco elementos y el círculo de la vida que nos conecta a todos: tierra, aire, fuego, agua y espíritu. Puedes colocar en tu altar objetos que lo representen o símbolos pintados. Otra opción es tener un pentáculo físico, por ejemplo en forma de colgante o en una tablilla. Cuando dibujas un pentáculo durante tu práctica, puede servirte para invocar o para alejar, dependiendo de la dirección en la que lo traces (ver abajo).

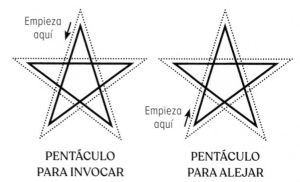

PENTÁCULO PARA INVOCAR

PENTÁCULO PARA ALEJAR

HECHIZOS

ANTES DE EMPEZAR

En la magia, lo primero es anclarte a la tierra, centrarte y tener en cuenta tu protección; al trabajar con energía atraes energía, tanto de espíritus como de otros practicantes o influencias externas.

Trazar un círculo

Trazar un círculo es la expresión más común para referirse a «crear un espacio protector en el que trabajar». Si no te atrae la idea de trazar un círculo, puedes optar por no hacerlo. Esta es una manera sencilla de trazar y abrir un círculo.

Colócate frente al altar o el espacio en el que deseas trazar el círculo, mirando hacia el este. Levanta el índice (o la varita o el *athame*) y gira en el sentido de las agujas del reloj, visualizando cómo se forma un campo energético o una burbuja a tu alrededor. Da tres vueltas, dibujando el círculo con el dedo, y recita: «Trazo este círculo de protección para trabajar libre de influencias externas. Que así sea». Para abrir el círculo mira hacia el este, gira en sentido contrario a las agujas del reloj y recita: «Abro este círculo. Bendito sea», mientras visualizas cómo el círculo energético se eleva y se desvanece.

Anclarse a la tierra y centrarse

Anclarse y centrarse, algo que suele hacerse antes y/o después de los hechizos y rituales, es una técnica esencial para eliminar energía estancada, recuperar energía o absorber la que te rodea. Sentado o en pie, cierra los ojos y relaja cuerpo y mente. Concéntrate en la energía que hay dentro de ti y a tu alrededor. Imagina unas raíces que salen de tus pies y se hunden en la tierra, hacia donde fluye la energía estancada para ser neutralizada por el suelo. Visualiza cómo la energía regresa a tu cuerpo y cómo tu interior se torna dorado y radiante.

Purificación

Piensa en la purificación como en una ducha espiritual que elimina las energías estancadas, antiguas y negativas de tu cuerpo y tu entorno. Puedes emplear muchas técnicas distintas de purificación, dependiendo de tus preferencias y circunstancias.

Purificación con humo: Usar humo, por ejemplo el del incienso o los sahumerios, es una de las técnicas más empleadas para purificar espacios, utensilios o ingredientes. Puedes elaborar tus propios sahumerios con hierbas o flores, o comprar varas de incienso. Recorre el espacio o pasa el sahumerio alrededor de los objetos para repartir el humo y purificar las energías.

Purificación con sonido: Los sonidos, como los tañidos de campanas, los cánticos o incluso el golpeteo de cacharros, sirven para purificar el entorno. Puedes usar repiqueteos agudos, como los de una campanilla, o sonidos fuertes, como los de los tambores o cacharros. Poner música no es suficiente.

Purificación con energía: Esta técnica no precisa utensilios, pero requiere práctica. Frótate las manos hasta que notes calor y hormigueo y sepáralas poco a poco, visualizando la energía que fluye entre ellas. Con tiempo y práctica, puede que llegues a sentir la energía y cierta resistencia al volver a juntar un poco las manos. A continuación, pásalas sobre los utensilios, los ingredientes o los espacios y visualiza cómo se disuelven las energías estancadas. Esta técnica también resulta adecuada para elevar tu vibración durante un hechizo.

Purificación con cristales: Ciertos cristales están asociados a la purificación y la protección (consulta las correspondencias en pp. 180-181). Pásalos por tu cuerpo, tu espacio o los utensilios e ingredientes para purificarlos.

Limpieza física: Ordenar y limpiar tu entorno y lavar tu cuerpo es otra forma de purificación. Las energías estancadas y negativas se adhieren a las zonas desordenadas y sucias. Puedes combinar la limpieza física y la purificación empleando aerosoles o friegasuelos purificantes.

Luz de luna: La técnica de purificación más sencilla es usar la luz de la luna llena. Este método es especialmente adecuado para purificar tu cuerpo o elementos que puedas colocar en el alféizar de la ventana. Siéntate en postura meditativa a la luz de la luna llena para purificarte y recargarte con su energía, que es limpiadora y reparadora.

HECHIZOS DE

PROTECCIÓN

La magia de protección suele ser el punto de partida
de todo practicante, además de un conocimiento básico.
Se considera buena práctica tener siempre activo algún tipo
de hechizo de protección, ya sea para mantener
la casa protegida o para resguardarte o incluso
bloquear ataques más concretos.

Ritual de protección para empáticos

Esta técnica es excelente para situaciones en las que quieras resguardarte de las energías y emociones que te rodean, sea en la calle, en una reunión familiar, en la escuela o en el trabajo. Puedes utilizarla en cualquier momento y sin que nadie lo note.

Céntrate y ánclate a la tierra, y luego imagina una luz intensa que surge de tu pecho y va creciendo hasta envolverte por completo. Visualiza cómo la luz se endurece y se transforma en un escudo de diamante impenetrable —puedes mirar a través de él y ver lo que sucede a tu alrededor, pero si alguien te mira solo verá reflejos arco iris en el escudo—. Imagina que tu escudo de diamante posee las características de un camaleón, lo que te permitirá mimetizarte con el entorno sin que se advierta tu presencia. Nadie podrá proyectar su energía sobre ti,

consciente o inconscientemente, ya que el escudo se la devolverá. También puedes recitar:

Protégeme de los otros, haz que nadie
me vea, que ninguna energía te traspase.
Que así sea.

Para que el escudo permanezca activo debes aportarle energía, simplemente visualizándolo fuerte e impenetrable. Aun así, no conviene utilizarlo de forma continuada, ya que podrías terminar desconectado de tu entorno y de los demás. También puede resultar agotador mantenerlo activo, sobre todo al principio. Es igual que trabajar un músculo, de modo que resultará más fácil con la práctica.

MEJOR MOMENTO Cuando sea necesario

PROTECCIÓN PARA LLEVAR

Aceite de protección

UTENSILIOS Frasco con cuentagotas o tarro | embudo **INGREDIENTES** 2 cucharadas de aceite base (almendras o pepita de uva) | 7 gotas de aceite esencial de sándalo | 3 gotas de aceite esencial de jazmín | 5-10 clavos de olor | una pizca de hamamelis seco | una pizca de lavanda seca

Este aceite es excelente para usarlo a diario o cuando necesites algo de protección adicional. Puede emplearse solo o como parte de un hechizo o ritual, y resulta perfecto para ungir velas de protección. Este aceite te mantendrá a salvo de ataques psíquicos o mágicos.

En primer lugar, purifica los ingredientes (p. 27). Luego ponlos uno a uno en el recipiente mientras recitas:

Mientras los ingredientes combinan, protéjame la luz divina. Que así sea.

Agita el frasco para activar las energías de los ingredientes y vierte una gota sobre tu piel, o cualquier superficie que desees proteger. Dibuja con el aceite un pentáculo de alejamiento o tu sigilo de protección (pp. 22-23) y recita:

Protégeme de todo mal. Que así sea.

───────────

MEJOR MOMENTO Cualquiera
NOTA Solo para uso tópico

Bolsita de protección para viajes

UTENSILIOS Bolígrafo | papel | bolsita **INGREDIENTES** Un vínculo mágico personal (ver consejo) | obsidiana (u otro cristal protector, p. 179) | 1 cucharadita de manzanilla | 1 cucharadita de sal negra (p. 32)

Esta bolsita, ideal para protegerte en desplazamientos cortos o viajes largos, puede llevarse en el bolso, el coche o el equipaje.

Dibuja la runa protectora Algiz (p. 21) o tu sigilo de protección (p. 22) en el papel. Pliégalo tres veces, manteniendo la doblez hacia ti y girándolo en sentido contrario a las agujas del reloj para alejar. Introduce en la bolsita el vínculo mágico, la obsidiana, la

manzanilla y la sal negra. Ciérrala con un nudo y recita:

Ofréceme tu protección y bendición dondequiera que viaje. Que así sea.

───────────

MEJOR MOMENTO Antes de viajar
CONSEJO Un vínculo mágico es un objeto que liga el hechizo a una persona, como un mechón de pelo, una fotografía o un nombre escrito en un papel

Hechizo para crear un amuleto

UTENSILIOS Una joya (algo que lleves a diario, nuevo o viejo)

Los talismanes o amuletos se han utilizado desde la antigüedad en todo el mundo para alejar la mala suerte o atraer la buena fortuna. Este hechizo sirve para crear un amuleto protector, y solo necesitarás tus manos y una joya.

Siéntate con la espalda recta y las piernas cruzadas, o en una postura que te resulte cómoda. Cierra los ojos o fija la mirada en tus manos y respira profundamente hasta que te sientas en calma. Frota las manos hasta que notes calor y hormigueo. Toma la joya y visualiza la energía de tus manos fluyendo hacia tu nuevo amuleto. A continuación, imagina una luz brillante que desciende del universo y asciende de la madre tierra en dirección a tu cuerpo, creando un flujo de energía que llega a la joya a través de ti. Recita:

Bendigo y purifico este [tipo de joya] para que me proteja de las fuerzas del mal. De ahora en adelante, este amuleto sagrado queda ligado a mí. Que así sea.

MEJOR MOMENTO Luna llena, lunes

Sal negra

UTENSILIOS Mortero **INGREDIENTES** Sal de mesa | cáscaras de huevo secas (sin la membrana blanca) | cenizas (de incienso o de otros hechizos) y/o carbón | 1 cucharadita de romero | 1 cucharadita de pimienta negra

La sal se considera un elemento protector porque dispersa la energía negativa. Puedes preparar esta sal negra con propiedades protectoras y de alejamiento para esparcirla por puertas y ventanas, dibujar sigilos o incluirla en hechizos.

Muele la sal, las cáscaras de huevo, las cenizas y/o el carbón, el romero y la pimienta negra, moviendo la mano del mortero en sentido contrario a las agujas del reloj para alejar. Puedes añadir cualquier otra hierba asociada a la protección, como salvia o lavanda (consulta las correspondencias en pp. 182-185). Cuando esté bien molida, guárdala en un frasco. Espolvorea esta sal por la casa y bárrela cada luna nueva para renovarla. Barre de este a oeste, imitando el recorrido del sol. Cuando la utilices, indica claramente tu intención; deja que las palabras fluyan de forma intuitiva o recita:

Purifico este espacio y alejo todo daño y todo mal dirigido a mí. Que así sea.

—————————

MEJOR MOMENTO Luna nueva

Aerosol para purificar energías

UTENSILIOS Pulverizador (preferiblemente de cristal)
INGREDIENTES Agua de luna llena (ver consejo) | unas gotas de zumo de limón | 5 gotas de aceite esencial de romero | 5 gotas de aceite esencial de salvia

Este aerosol purificante rápido pero eficaz es ideal para eliminar energías negativas de un espacio, y como es tan discreto, resulta perfecto para quienes aún practiquen en secreto.

Coloca el agua de luna llena, el zumo de limón y los aceites esenciales de romero y salvia en el pulverizador. Agita bien la mezcla para activar su energía y combinar todo tanto como sea posible (recuerda que el agua y los aceites no llegan a mezclarse por completo).

Agita antes de cada uso y pulveriza con propósito. Puedes rociar con frecuencia zonas como tu cama, tu habitación o incluso tu campo energético. Al echarlo, imagina cómo el aerosol arrastra la negatividad. También puedes recitar:

La energía queda purificada y limpia.
Bendita sea.

MEJOR MOMENTO Luna llena
CONSEJO Para preparar agua de luna llena, pon agua limpia en un recipiente y déjalo reposar toda la noche bajo la luna llena (si está en el exterior, cúbrelo)

Bolsita para proteger el sueño

UTENSILIOS Una bolsita (preferiblemente morada)
INGREDIENTES amatista (o cristal equivalente, p. 179) | 1 cucharadita de lavanda seca | 3 cáscaras de limón secas | 1 cucharadita de manzanilla seca

Algunas personas creen que, cuando dormimos, viajamos al plano astral y entramos en un estado de conciencia más elevado que requiere protección. Otras simplemente desean tener un sueño tranquilo y sin pesadillas. Coloca esta bolsita cerca de la cama o bajo la almohada.

Purifica el cristal (p. 27) y ponlo en la bolsita junto con la lavanda, las cáscaras de limón y la manzanilla. Toma la bolsita, siéntate en postura meditativa e imagina una reconfortante luz morada llenándola. Recita:

Protege mi sueño de todo daño y mal empeño.
Que así sea.

MEJOR MOMENTO Luna nueva y menguante

Bendición para piedra bruja

UTENSILIOS Cordón con la longitud de tu brazo | piedra bruja

Las piedras brujas —rocas con agujeros naturales que suelen encontrarse junto a playas o ríos— se han utilizado desde la antigüedad en las tradiciones celtas para proteger del mal.

Toma la piedra, siéntate en postura meditativa e imagina un lazo dorado y plateado entre ambos. Recita:

Piedra protectora y mágica, conviértete en mi escudo y guardiana. Que así sea.

Introduce el cordón por el agujero y realiza un nudo a cada lado de la piedra. Puedes utilizarla como collar o colgarla cerca de la puerta principal. Si llevas la piedra contigo, imagina que te envuelve con un brillo protector de color dorado y plateado. Si la piedra se rompe, es que ha usado su poder para protegerte.

───────────

MEJOR MOMENTO Luna nueva y menguante

Hechizo de protección con plantas

UTENSILIOS Papel | tijera | rotulador indeleble negro | una planta para cada habitación de la casa **OPCIONAL** Cuarzos pulidos (uno para cada planta)

Las plantas son excelentes guardianas de la casa y pueden indicarte si estás sufriendo un ataque espiritual, ya que actúan como primera línea de defensa.

Divide el papel en tantos trozos como plantas. Con el rotulador, dibuja tu sigilo de protección (p. 22) o la runa Algiz (p. 21) en cada pedazo. Entierra un papel en cada maceta y recita a cada planta:

Espíritu de esta planta, te pido que seas mi línea de defensa, mi aliado protector. Bendito seas.

A continuación, puedes ofrecerle un cuarzo colocándolo cerca de la maceta o sobre la tierra.

Es muy importante regar y cuidar las plantas. Échales agua de luna llena (consejo p. 34) una vez a la semana como ofrenda. Si una planta bien cuidada se marchita de repente, significa que te ha protegido y tal vez necesites colocar más elementos de defensa.

───────────

MEJOR MOMENTO Luna menguante

Ritual para proteger la casa

UTENSILIOS Escoba | pulverizador | incienso | vela blanca | mechero o cerillas **INGREDIENTES** Sal negra (p. 32) | aceite de protección (p. 30) | agua de luna llena (consejo p. 34)

Este ritual de protección debería realizarse una vez al mes, a ser posible durante la luna llena o nueva. Se trata esencialmente de limpiar la casa, purificar las energías estancadas y bendecir el hogar.

En primer lugar, limpia y ordena toda la casa; este paso es muy importante, ya que las energías negativas se aferran a la suciedad y el desorden físico. Luego barre de este a oeste, imitando el recorrido diario del sol. Llena el pulverizador con agua de luna llena y pulveriza tres veces cada una de las habitaciones de la casa.

Espolvorea una fina línea de sal negra en la puerta principal. Debes barrer la sal y echarla de nuevo una vez al mes para mantener la protección. Tírala al cubo de la basura, ya que la sal contamina la tierra.

Toma el aceite de protección y pone una gota en el dedo. Con el dedo aceitoso, dibuja un sigilo de protección (p. 22) o la runa Algiz (p. 21) en el alféizar de cada ventana y el marco de cada puerta.

Enciende el incienso, abre todas las ventanas y recorre una vez más la casa para que el humo disperse cualquier energía persistente, que saldrá por las ventanas.

Por último, enciende una vela blanca junto a la puerta principal. Esta será tu vela protectora, que puedes prender cada vez que estés en la habitación.

MEJOR MOMENTO Cada mes en la luna nueva o llena

Botella de bruja

UTENSILIOS Botella o frasco | 9 clavos y/o cuchillas de afeitar, a ser posible oxidados (solo si usas orina) | 9 trozos de vidrio o espejo roto | 9 espinas | vela negra (o silicona caliente negra) | mechero o cerillas **INGREDIENTES** Sal negra (p. 32) | un vínculo mágico personal (consejo p. 30) | vinagre u orina

Las botellas de bruja se han utilizado desde la antigüedad para alejar el mal —sirven de señuelo y absorben los maleficios—. Una vez creada, no conviene cambiar la botella de lugar, así que entiérrala donde nadie pueda moverla.

En primer lugar, purifica tu espacio y tu cuerpo y traza un círculo (pp. 26-27). Mete en la botella los clavos o cuchillas (en el caso de usarlos), los vidrios rotos, las espinas, la sal negra y el vínculo mágico. Llénala con vinagre o con tu propia orina, teniendo presentes tus intenciones. Cierra la botella y enciende la vela negra para sellar la tapa o corcho con unas gotas de cera. Recita:

Botella, protégeme y cuida de lo que me pertenezca. Que cualquier daño quede atrapado en ti y desaparezca. Que las energías negativas se enreden en los afilados clavos y cristales. Que la sal las neutralice y las desvanezca. Que así sea.

Ahora puedes abrir el círculo. Cava un agujero profundo en el jardín o en una maceta y entierra la botella. A partir de este momento, estarás bien protegido.

MEJOR MOMENTO Luna nueva y menguante

Devolver lo recibido

UTENSILIOS Caldero o plato resistente al fuego | vela negra | mechero o cerillas | *boline* o cuchillo **INGREDIENTES** 1 puñado de tierra | 1 cucharadita de salvia | 1 cucharadita de sal negra (p. 32) | 1 cucharadita de chile en polvo | 1/2 puñado de limón seco

Este hechizo sirve para devolver un maleficio a quien lo haya lanzado. No estás creando ni echando ninguna maldición, sino protegiéndote y devolviendo cualquier mal que puedan haberte enviado.

En primer lugar, purifica tu espacio y tu cuerpo y traza un círculo (pp. 26-27). Luego coloca la tierra, la salvia, la sal negra, el chile molido y el limón seco en el caldero y mézclalo todo bien. Concéntrate en el hechizo que te han enviado, tratando de visualizar su energía e imaginando su forma, sus colores y a quien te lo envió. Una vez que tengas una imagen mental clara de todo, coloca la vela en el centro del caldero y enciéndela. Esta vela representa el hechizo que has recibido. Apaga la llama contra la mezcla de tierra y, con el *boline* o cuchillo, corta la parte superior de la vela para formar una nueva base. Dale la vuelta y talla un nuevo extremo afilado, dejando a la vista el pabilo.

Vuelve a colocar la vela en el centro del caldero y enciéndela al tiempo que recitas:

Te devuelvo lo que me enviaste.
Que el mal que pretendías
para mí retorne a ti y nunca regrese.
Que así sea.

Mantén la concentración en el objetivo de devolver el hechizo a quien te lo lanzó y espera hasta que la vela se haya consumido. Luego puedes abrir el círculo.

Por último, recoge los restos de ingredientes y cera, tíralos al cubo de la basura y sácalos de inmediato de la casa.

───────────────

MEJOR MOMENTO Luna menguante

Baño para deshacer maleficios

INGREDIENTES 120 ml de agua de luna llena (consejo p. 34) | 145 g de sales de Epsom | una pizca de cayena | una pizca de canela | 1 limón en rodajas

Se considera que los baños purifican el cuerpo y el espíritu, y son muchas las religiones y culturas que emplean el agua con propósitos sagrados. Toma este baño para deshacer cualquier maleficio que te hayan lanzado. No aproveches para lavarte el pelo o exfoliarte el cuerpo, ya que este baño al amanecer debe ser exclusivamente de naturaleza espiritual.

Llena la bañera y añade los ingredientes al agua, uno a uno y con intención. Si lo deseas, manifiesta en voz alta el propósito de cada ingrediente (consulta las correspondencias en pp. 182-185). Sumérgete en el agua y respira profundamente. Concéntrate en tu respiración al menos 10 minutos. No te preocupes si tu mente divaga, solo céntrate de nuevo en la respiración. Mientras meditas, permite que los ingredientes arrastren cualquier maleficio, y al amanecer estarás purificado. Cuando te sientas preparado para salir del agua, recita las palabras que te vengan a la mente o di:

El maleficio se ha roto.
Su poder se ha desvanecido.
Que así sea.

Vacía la bañera y recoge los ingredientes. Puedes enterrarlos lejos de la casa o tirarlos en un contenedor de basura.

MEJOR MOMENTO En cuanto descubras o sospeches que has sido víctima de un maleficio
Al amanecer

Protección total

UTENSILIOS Vela blanca o negra (que se consuma rápido, como una vela de cumpleaños o de té) | mechero o cerillas | herramienta de grabado | plato o cuenco resistente al fuego | un vínculo mágico (consejo p. 30) **INGREDIENTES** 3 gotas de aceite de protección (p. 30) | 3 bayas de serbal secas | 1 cucharadita de manzanilla seca | 1 cucharadita de lavanda seca | 1 anís estrellado seco | 1 cucharadita de cáscaras de huevo molidas

Este hechizo sirve para protegerte de energías y entidades negativas, y puede adaptarse para proteger a un familiar o amigo (siempre con su consentimiento) o a una mascota.

Purifica tu espacio y enciende las velas del altar. Traza un círculo de protección, ánclate a la tierra y céntrate (p. 27), e invita a los cuatro elementos y a cualquier deidad, ancestro o espíritu con el que desees trabajar dentro del círculo. Prepárate para el hechizo meditando al menos cinco minutos. Toma la vela y graba en ella la runa Algiz (p. 21) o tu sigilo de protección (p. 22). Ponte unas gotas de aceite de protección en las manos y unge la vela desde el centro hacia fuera. Rueda la vela sobre las hierbas secas —utiliza solo un tercio, ya que necesitarás el resto luego— y fíjala en el plato. Espolvorea hierbas y cáscaras de huevo molidas alrededor de la vela, enciéndela y recuerda tu propósito: protección. También puedes visualizar un resplandeciente orbe protector a tu alrededor o en torno al receptor del hechizo. Coloca el vínculo mágico por encima de la llama, sin que se queme, y recita:

> *Protégeme/protege a [receptor del hechizo]*
> *de todo mal, disuelve la energía negativa*
> *que me/le pueda llegar. Con la llama de esta vela*
> *alejo lo malo y dejo paso a lo bueno. Que así sea.*

Luego prende el vínculo mágico y deja que se queme. Medita y visualiza junto a la vela hasta que esta se consuma.

MEJOR MOMENTO Cada mes durante la luna llena o nueva
CURIOSIDAD Las polillas tienen un gran simbolismo espiritual; hay quienes creen que son nuestros seres queridos o ancestros difuntos que vienen a visitarnos

Tarro protector

UTENSILIOS Frasco de cristal pequeño | embudo | bolígrafo o lápiz | vela blanca o negra (o silicona caliente) | mechero o cerillas **INGREDIENTES** 1/2 cucharadita de sal (del Himalaya o negra, p. 32) | 1/2 cucharadita de romero seco | 1/2 cucharadita de pimienta negra | trocitos de cristales asociados a la protección (p. 179) | 1 hoja de laurel seca

Este hechizo te protegerá de manera constante desde un recipiente que puedes colocar bajo la cama o en un lugar en el que pases mucho tiempo. Si notas que los ingredientes adquieren un color o un aspecto extraño, o incluso que el frasco se agrieta, es que el hechizo ha funcionado y hay que renovarlo.

En primer lugar, purifica el frasco de cristal (p. 27). Coloca dentro la sal, el romero, la pimienta y los trocitos de cristales. Dibuja una runa protectora (p. 21), tu sigilo de protección (p. 22) o la palabra «protección» sobre la hoja de laurel e introdúcela en el frasco. Cierra el recipiente y sella la tapa con unas gotas de cera o silicona caliente. Puedes decir una sencilla afirmación:

Protégeme del mal y la negatividad. Que así sea.

Activa las energías de la botella agitándola de vez en cuando, o siempre que sientas necesidad de protección.

———

MEJOR MOMENTO Sábado, luna menguante o nueva

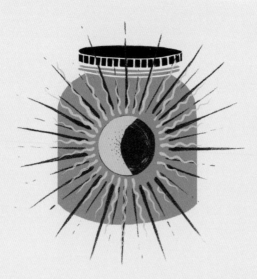

Ritual de ofrenda a los espíritus

UTENSILIOS Incienso | mechero o cerillas | plato
INGREDIENTES Ofrenda de comida y bebida

Establecer alianzas con los espíritus te mantendrá protegido. Este ritual es para aplacar a los espíritus a los que puedas haber ofendido por vivir en un territorio sagrado para ellos, o por cualquier otro acto consciente o inconsciente, y también para hacer «amigos» espirituales que te ayuden en tu práctica futura.

En primer lugar, purifica tu espacio y tu cuerpo y traza un círculo (pp. 26-27). Siéntate junto al altar y coloca las ofrendas. Sitúa las manos encima de ellas y visualiza una luz que sale de tus dedos, las envuelve y las purifica. Recita:

Estas ofrendas quedan purificadas y bendecidas.

Invita a los espíritus —las deidades o ancestros que quieras o simplemente los espíritus que estén a tu alrededor— diciendo:

Espíritus, acudid en paz y disfrutad de estas ofrendas.

Enciende el incienso y siéntate con los espíritus, ya sea en estado meditativo o incluso charlando o comiendo algo. Luego recita:

Gracias por vuestra presencia. Ahora despidámonos y regresad a vuestro hogar hasta que nos volvamos a encontrar. Que así sea.

Abre el círculo y retira las ofrendas.

MEJOR MOMENTO A diario o semanalmente

Ritual de luna llena

UTENSILIOS Vela blanca | mechero o cerillas | aguja, espina o palillo | caldero o plato resistente al fuego | papel | bolígrafo

La luna llena es un momento idóneo para realizar hechizos y rituales de protección. No necesitas tener la luna llena a la vista para beneficiarte de su energía, aunque contemplarla añade sin duda un toque de magia.

En primer lugar, purifica tu espacio y tu cuerpo y traza un círculo (pp. 26-27). Siéntate en postura meditativa durante 10 minutos más o menos, respirando profundamente y absorbiendo la energía de la luna llena mientras te anclas a la tierra y te centras (p. 27).

Toma la vela blanca y la aguja, la espina o el palillo y graba en la cera la palabra «protección» junto a tu sigilo de protección (p. 22) o la runa Algiz (p. 21). Enciende la vela y colócala en el caldero. A continuación, dedica un rato a escribir en el papel todo lo que deseas soltar. Pliega el papel tres veces, manteniendo la doblez hacia ti y girándolo en sentido contrario a las agujas del reloj para alejar. Luego quémalo y observa la llama y el humo que salen de él. Por último, abre el círculo y come algo para recuperar fuerzas.

MEJOR MOMENTO Luna llena

HECHIZOS DE

PROSPERIDAD

Los hechizos de prosperidad han desempeñado siempre un papel fundamental en la brujería, como puede verse en la magia popular, por ejemplo. Estos hechizos incluyen desde creación de amuletos de la suerte hasta rituales más complejos para atraer abundancia.

Aceite de prosperidad

UTENSILIOS Frasco con cuentagotas o tapa | embudo
INGREDIENTES 2 cucharadas de aceite base (almendras o pepita de uva) | 3 gotas de aceite esencial de canela | 3 gotas de aceite esencial de menta piperita | 3 gotas de aceite esencial de madreselva | 1 hoja de laurel | una pizca de albahaca seca

Este aceite es ideal para atraer el dinero y la abundancia, y se emplea por sí solo o como parte de un hechizo o ritual. Resulta perfecto para ungir velas de prosperidad, y puedes usarlo a diario para que la riqueza llegue a tu vida. En primer lugar, purifica los utensilios e ingredientes (p. 27). Pon los ingredientes uno a uno en el frasco mientras recitas:

Al mezclar los ingredientes de este aceite, que la prosperidad a mí se acerque. Que así sea.

Agita el frasco para activar las energías de la mezcla. Échate una gota de aceite en las manos y frótalas entre sí hasta que notes calor. Pásalas por encima de tu cuerpo mientras dices:

Atraigo la buena suerte y la abundancia. Que así sea.

MEJOR MOMENTO Luna creciente o llena
NOTA Solo para uso tópico

Infusión de prosperidad

UTENSILIOS Frasco | colador **INGREDIENTES** 9 cucharaditas de té verde | 9 cucharaditas de hojas de menta | 9 cucharaditas de hojas de manzanilla | una pizca de canela | 1 cucharadita de miel (opcional)

Las infusiones son una buena manera de incluir la magia herbal en tu vida. Espero que esta infusión te inspire y abra las puertas a la buena fortuna.

Lo primero es purificar los ingredientes. Para ello, frótate las manos hasta que notes calor, colócalas sobre los ingredientes y recita:

Estos ingredientes quedan purificados y bendecidos.

Pon todos los ingredientes en el frasco y remuévelos en el sentido de las agujas del reloj para atraer el tipo de abundancia que desees invocar.

Para preparar la infusión, coloca una cucharadita de la mezcla en una taza y viértele encima agua hirviendo. Déjala reposar cinco minutos y cuélala. Añadiendo una cucharadita de miel, endulzarás la infusión y aumentarás la energía de prosperidad. Antes de beberla, recita este sencillo conjuro:

Atraigo la buena suerte y la abundancia. Que así sea.

Tómate la infusión de manera consciente, saboreando la fragante mezcla y concentrándote en tu propósito.

MEJOR MOMENTO Luna creciente o llena
NOTA Si estás embarazada o estás dando el pecho, consulta antes de tomar cualquier infusión

Friegasuelos para la prosperidad

UTENSILIOS Cubo | fregona | cuchillo **INGREDIENTES** 1 lima fresca | 3 gotas de aceite esencial de jazmín | 1 litro de agua limpia

Fregar el suelo aporta muchos beneficios, tanto de andar por casa como metafísicos. El objetivo de este hechizo es limpiar la duda y crear un ambiente próspero.

En primer lugar, corta la lima en rodajas finas. Luego pon la lima y el aceite esencial de jazmín en el cubo y añade un litro de agua limpia. Deja reposar los ingredientes durante 10 minutos.

Friega el suelo como de costumbre y, a cada pasada con la fregona, visualiza cómo las energías viejas y estancadas desaparecen y son sustituidas por destellos de luz verde y dorada, creando un ambiente de prosperidad. Recita el conjuro:

Limpio lo viejo para que la prosperidad llegue a mí. Que así sea.

MEJOR MOMENTO Domingo o luna creciente

Red de cristales para la abundancia

UTENSILIOS Citrino | venturina | calcita de miel | pirita | ojo de tigre | flores de manzanilla | clavos de olor | flores de jazmín | amapolas (puedes usar otros cristales y flores asociados a la prosperidad, pp. 179-183)

Las redes de cristales son una forma bonita de atraer la energía positiva a tu hogar, además de una fuente de creatividad infinita. Para esta red puedes usar la cantidad de cristales que quieras —déjate guiar por la intuición—.

En primer lugar, purifica los cristales y las flores (p. 27). Luego colócalos en forma de espiral, empezando en la parte exterior y continuando hacia el interior. Mientras lo haces, concéntrate en tu respiración y visualiza cómo la abundancia se dirige hacia ti, atraída por el movimiento en espiral de tu red. Cuando hayas terminado, siente la energía que te rodea y comienza tu día. La combinación entre las energías de los ingredientes y tu intención te traerá abundancia. También puedes sentarte en postura meditativa junto a la red para reafirmar tu propósito.

MEJOR MOMENTO Luna creciente

Ritual diario al árbol del dinero

UTENSILIOS Pulverizador **INGREDIENTES** Agua de sol (ver consejo)

Existen ciertos árboles asociados a la abundancia. Estas especies necesitan cuidado y tiempo para crecer, igual que un flujo constante de buena suerte y prosperidad. Incluyendo este ritual en tu día a día, atraerás la llegada de dinero.

En primer lugar, purifica el pulverizador (p. 27) y llénalo con agua de sol. Luego elige la planta que vayas a cuidar. Debería ser una asociada a la prosperidad y el dinero (consulta las correspondencias en pp. 182-185); puedes haberla comprado o plantado tú mismo, o incluso podría ser un árbol de tu jardín o tu bosque o parque favorito.

Siéntate cada día junto a tu árbol del dinero, céntrate y ánclate a la tierra (p. 27). Visualiza cómo el dinero acude a ti —imagina un árbol con raíces fuertes y dinero por hojas, de un intenso color verde y dorado—. Cada vez que visites el árbol, pulverízalo con agua de sol y recita este conjuro:

Que el dinero crezca para mí tan robusto
y seguro como este árbol. Que así sea.

MEJOR MOMENTO A diario o al menos una vez a la semana
CONSEJO Para preparar agua de sol, deja un frasco con agua limpia al sol del amanecer al atardecer

Cuenco de prosperidad

UTENSILIOS Cuenco grande | monedas y billetes (la cantidad que desees) **INGREDIENTES** 1 cucharadita de albahaca | 1 cucharadita de canela | 1 cucharadita de tomillo | venturina pulida | pirita | citrino pulido

La intención de un cuenco de prosperidad o cuenco del dinero es conseguir un flujo constante de riqueza. Al ir añadiendo dinero al cuenco, estás atrayendo la riqueza. Es un ejemplo de magia representativa. En todo hechizo con cuencos es importante que los objetos vayan cambiando para simbolizar movimiento, así que retira de vez en cuando parte de los elementos y añade otros nuevos.

En primer lugar, purifica el cuenco y los ingredientes (p. 27). Pon en el cuenco, uno a uno, la albahaca, la canela y el tomillo, mezcla todo con el dedo y manifiesta tu intención para cada ingrediente. Incorpora los cristales en forma de triángulo (una figura geométrica que capta la energía) y expón tu propósito para cada uno. Por último, coloca el dinero en el centro del triángulo de cristales y recita:

Dinero, fluye hacia mí. ¡Ven a mí, ven a mí!
Que así sea.

Sitúa el cuenco en el altar o en tu habitación, donde lo veas bien, y añade con frecuencia dinero y otros objetos relacionados con el dinero para mantener la energía en movimiento. Si el cuenco empieza a rebosar, saca el dinero y los elementos antiguos, purifícalos con incienso y guárdalos para otro uso.

MEJOR MOMENTO Luna llena

Tarro de hechizo para la prosperidad

UTENSILIOS Frasco de cristal pequeño | embudo | mechero o cerillas | bolígrafo o lápiz | vela verde o amarilla/dorada (o silicona caliente verde, dorada o amarilla) **INGREDIENTES** 1/2 cucharadita de albahaca | 1/2 cucharadita de clavos de olor | 1/2 cucharadita de canela | 1/2 cucharadita de menta | 1 cáscara de limón seca y triturada | trocitos de cristales asociados a la prosperidad (p. 179) | 1 hoja de laurel

Los tarros de hechizo son un método excelente para captar energía y contenerla. Actúan de forma lenta y continuada, así que resultan perfectos para atraer un flujo constante de dinero.

En primer lugar, purifica el frasco de cristal (p. 27). Coloca dentro la albahaca, los clavos de olor, la canela, la menta, la cáscara de limón y los cristales. Escribe la palabra «prosperidad» en la hoja de laurel y métela en el frasco. Cierra el recipiente y sella la tapa con cera o silicona caliente.

Puedes recitar una sencilla afirmación. Deja que las palabras fluyan de manera intuitiva o di:

Que el dinero acuda atraído por este tarro,
que crezca y fluya. Que así sea.

Activa las energías del tarro agitándolo de vez en cuando, o siempre que necesites algo más de abundancia.

Elige un buen lugar para colocar el tarro; conviene que sea un sitio relacionado con el dinero, como una estantería próxima a tus documentos contables o cerca de donde pongas la cartera o el monedero.

MEJOR MOMENTO Sábado, domingo, jueves, luna menguante o nueva

Vela para atraer dinero

UTENSILIOS Vela votiva o de té en color verde o dorado | herramienta de grabado | caldero | mechero o cerillas | bolígrafo | plato resistente al fuego | réplica de un billete (dibujada, impresa o comprada) **INGREDIENTES** 3 gotas de aceite de prosperidad (p. 47) | unas hojas de menta seca o 1 cucharadita de menta seca molida | 1/2 cucharadita de canela | sal

Este hechizo para atraer dinero puedes realizarlo semanalmente, o siempre que lo creas necesario. Al usar fuego, los resultados deberían ser rápidos, así que es ideal para cuando necesites dinero con urgencia. Conviene trazar un círculo de protección (p. 26).

En primer lugar, purifica tu cuerpo, tu espacio, los utensilios y los ingredientes. Luego ánclate a la tierra y céntrate (pp. 26-27). Da unos golpecitos con la vela sobre el altar o la zona de trabajo para «despertarla».

Graba sobre la vela un sigilo de prosperidad o la runa Fehu (pp. 21-22). Úngela con aceite de prosperidad, poniendo un poco de aceite en tus manos y deslizando los dedos por la vela desde ambos extremos hacia el centro. Esto representa la llegada de dinero. A continuación, espolvorea la vela con menta y canela molidas, colócala en el plato y dibuja a su alrededor un círculo con sal.

Toma la réplica del billete y escribe en ella:

*Dinero, acude a mi vera
de forma fácil y duradera.
Que así sea.*

Recita las palabras en alto mientras las escribes. Luego enciende la vela, prende el billete y ponlo en el caldero. Fija la mirada en la llama y visualiza cómo el dinero llega a ti. Medita unos minutos, o hasta que la vela se haya consumido, y abre el círculo.

MEJOR MOMENTO Domingo, luna creciente o llena
En torno al solsticio de verano

Escalera de bruja para la prosperidad

UTENSILIOS 3 cordones de la misma longitud (consulta las correspondencias en p. 177) | un mechón de tu pelo o un objeto personal | 3 cuentas verdes y 3 cuentas doradas (de cristal o plástico) | 3 cascabeles | 3 plumas | otros elementos de tu elección relacionados con la prosperidad

Puedes crear una escalera de bruja trenzando unos cordones y añadiéndoles nudos y elementos relacionados con un propósito determinado.

En primer lugar, traza un círculo, ánclate a la tierra y céntrate, y purifica el altar y los utensilios (p. 27). Anuda los tres cordones por un extremo y empieza a trenzarlos, siendo consciente de tu intención y visualizándola en todo momento. Entrelaza el mechón de pelo o el objeto personal, haz un nudo y continúa la trenza. Ve añadiendo las cuentas, los cascabeles y los demás elementos. Recita el siguiente cántico tras cada nudo, hasta que incorpores todos los objetos y llegues al final de los cordones:

> *Con el primer nudo, el hechizo comienza.*
> *Con el segundo nudo, la magia aparece.*
> *Con el tercer nudo, entretejo elementos.*
> *Con el cuarto nudo, los mantengo fuertes.*
> *Con el quinto nudo, recito para crear.*
> *Con el sexto nudo, creo para cambiar.*
> *Con el séptimo nudo, el futuro queda decidido.*
> *Con el octavo nudo, hágase mi voluntad.*

Remata con un último nudo y recita:

> *Con el noveno nudo, concluyo para que mi deseo se convierta en realidad. Que así sea.*

Cuelga la escalera de bruja cerca de tu altar, en tu despacho o en un lugar que relaciones con el dinero.

MEJOR MOMENTO Viernes o domingo, luna llena o creciente

Hechizo para tu monedero

UTENSILIOS Vela de té | vara de incienso | mechero o cerillas | cuenco con agua de sol (consejo p. 49) | cuenco con tierra | tu monedero o cartera | bolígrafo **INGREDIENTES** 1 hoja de laurel

Tu monedero o cartera representa y simboliza el dinero y la prosperidad. Con este hechizo, tu monedero atraerá el dinero y evitará que gastes demasiado.

Áncate a la tierra y céntrate y traza un círculo (pp. 26-27). Para purificar los utensilios y la hoja de laurel, frótate las manos hasta que notes calor, ponlas sobre los materiales y recita:

Estos materiales quedan
purificados y bendecidos.

Enciende la vela y el incienso. Coloca las representaciones de los elementos —el cuenco con agua, el cuenco con tierra, la vela y el incienso— formando un círculo y cada una en el punto cardinal que le corresponda (ver más adelante), lo que dependerá de tu ubicación (puedes utilizar la brújula del teléfono móvil): el cuenco con agua de sol (que re-

presenta el elemento agua), al oeste; la tierra (que representa el elemento tierra), al norte; la vela (que representa el fuego), al sur; y el incienso (que representa el aire), al este. Ahora toma tu cartera o monedero y sostenlo sucesivamente sobre el cuenco con tierra, el incienso, la vela y el cuenco con agua, visualizando cómo las propiedades de cada elemento lo impregnan (consulta las correspondencias en p. 182). No olvides agradecer a cada elemento su bendición.

Por último, sitúa la cartera en el centro del círculo, toma la hoja de laurel y dibuja sobre ella tu sigilo de dinero (p. 22). Mete la hoja en la cartera, donde deberías llevarla siempre. Cuando hayas terminado, abre el círculo.

MEJOR MOMENTO Luna nueva

Hechizo con sigilo de dinero

UTENSILIOS Bolígrafo | papel | caldero | mechero o cerillas

Para atraer dinero con rapidez, crea un sigilo de prosperidad y abundancia. Este sigilo puede utilizarse por sí solo, dibujado en tu cuerpo o en un amuleto, o como parte de un hechizo o ritual.

En primer lugar, traza un círculo, ánclate a la tierra y céntrate, y purifica el altar y los utensilios (pp. 26-27). Crea un sigilo de dinero (p. 22) y dibújalo en el papel. Pliégalo tres veces hacia ti, girándolo en el sentido de las agujas del reloj para invocarlo. Recita este conjuro:

Dinero, dinero, ven a mí,
rápido como el fuego
y en la cantidad que requiero.
Que así sea.

Activa el sigilo prendiendo el papel y dejando que se queme en el caldero. Cuando hayas terminado, abre el círculo.

MEJOR MOMENTO Luna creciente

Amuleto con una moneda

UTENSILIOS Una moneda

Este sencillo hechizo convertirá una moneda en un amuleto que podrás llevar en la cartera o el monedero para atraer un dinero extra. Márcala de algún modo para no gastarla por error; utilizar una moneda extranjera puede ser una buena opción.

En primer lugar, frótate las manos hasta que las notes calientes. Luego toma la moneda y colócala entre tus palmas, como si estuvieras rezando. Siente cómo tu energía calienta la moneda. Mediante la visualización, envía tu energía y la del universo hacia la moneda hasta que la sientas pesada. Luego recita:

Esta moneda queda
purificada y bendecida,
y atrae el dinero a petición
mía. Que así sea.

Lleva la moneda en la cartera o el monedero, y ten cuidado de no gastarla sin querer. También puedes comprar con ella algo importante e imaginarla regalando prosperidad a todo el que se cruce con ella.

MEJOR MOMENTO Luna creciente

Hechizo de prosperidad con una nuez

UTENSILIOS Un pedazo de papel | bolígrafo | cordel de fibra natural | pala **INGREDIENTES** 1 nuez con cáscara

Las nueces son símbolo de prosperidad, buena suerte y protección. Este sencillo hechizo, que te ayudará a conseguir y mantener una cantidad determinada de dinero, conviene realizarlo al aire libre.

En primer lugar, ánclate a la tierra y céntrate, y purifica los utensilios y la nuez (pp. 26-27). Abre la nuez con cuidado para que la cáscara se parta en dos mitades. Guarda la parte comestible para otro hechizo o cómetela. Escribe en el papel la cantidad de dinero que deseas conseguir, siendo siempre modesto. Si no quieres invocar una cantidad concreta, dibuja tu sigilo de dinero o la runa Fehu (pp. 21-22). Mete el papel dentro de una de las cáscaras y coloca la otra encima. Ata el cordel alrededor de la nuez para mantenerla cerrada. Entiérrala y recita:

> *Que así sea.*

MEJOR MOMENTO Luna creciente

Bolsa amuleto para la abundancia

UTENSILIOS Bolsita o pedazo de tela de algodón o lino | bolígrafo o hilo de color verde o dorado | aguja | cordón verde o dorado **INGREDIENTES** 3 monedas de tu país | 3 hojas de laurel | 3 hojas de albahaca | 1 cristal de prosperidad pequeño (venturina o pirita) | 1 rama de canela o 1/2 cucharadita de canela molida | aceite de prosperidad (p. 47)

Esta aromática bolsa amuleto atraerá hacia ti abundancia y riqueza. Cuídala bien y llévala en el bolso o monedero, o donde guardes el dinero.

En primer lugar, traza un círculo, ánclate a la tierra y céntrate, y purifica los materiales y el altar (pp. 26-27). Toma la bolsita o el pedazo de tela y dibuja o borda en él tu sigilo de prosperidad o la runa Fehu (pp. 21-22). Coloca dentro los ingredientes secos y añade encima tres gotas de aceite de prosperidad. Recita hacia el interior de la bolsa:

> *Con esta bolsita yo espero prosperidad y dinero. Que así sea.*

Cierra la bolsa amuleto con el cordón. Por último, abre el círculo.

MEJOR MOMENTO Luna creciente o llena, viernes o domingo

Pide un deseo al mar

UTENSILIOS Una rama | una ofrenda para las olas (algo biodegradable y que no sea tóxico para la fauna)

Todos sabemos lo relajante que resulta contemplar las olas del mar, las cuales adquirirán un significado simbólico en este hechizo, ya que arrastrarán nuestro deseo para que se cumpla.

En una noche de luna llena, cuando esta se encuentre ya en el cielo, dirígete a la playa o la extensión de agua que tengas más cercana y da un paseo o siéntate en el suelo. Deberías descalzarte para tocar la tierra con los pies y conectar con la naturaleza. Cuando te sientas relajado y feliz, comienza el hechizo tomando la rama y acercándote al lugar donde el agua y la tierra se junten. Escribe tu deseo en el suelo, concentrándote en tu propósito. De pie, contempla cómo el agua baña las palabras que has dejado en la tierra y luego recita:

Poderosa agua, tú que nos has dado la vida, concédeme este deseo. A cambio, te ofrezco [tu ofrenda] en señal de gratitud.
Que así sea.

Lanza la ofrenda y mira cómo el agua la arrastra —puedes ofrendar unas flores que hayas cultivado tú o un trozo de madera tallado—. A continuación, siéntate, eleva tu energía y trata de sentir la energía del agua que tienes delante. Visualiza tu deseo ya cumplido, la alegría que sentirás y todas las cosas que harás. Da las gracias al agua antes de marcharte.

MEJOR MOMENTO Luna llena

Pide un deseo a una vela

UTENSILIOS Bolígrafo | vela de té | mechero o cerillas | caldero o recipiente resistente al fuego **INGREDIENTES** 1 hoja de laurel

Este hechizo implica reflexionar sobre tus propósitos y deseos. Se hace rápido y no necesita mucho material, así que resulta ideal para principiantes.

En primer lugar, traza un círculo, ánclate a la tierra y céntrate, y purifica el altar y los materiales (pp. 26-27). Luego escribe en la hoja de laurel una palabra o frase que describa aquello que deseas atraer a ti. Enciende la vela, prende la hoja de laurel y colócala en el caldero. Siéntate en postura meditativa y visualiza cómo se hace realidad tu deseo. Cuando hayas terminado, abre el círculo.

MEJOR MOMENTO Luna creciente o llena

Amuleto con una espoleta

INGREDIENTES 1 pollo o pavo entero | cuenco con agua de sol (consejo p. 49) | bolsita | 1 cucharadita de albahaca | 1 cucharadita de menta | 1 nuez triturada

El uso de huesos ha formado parte de la hechicería de muchas culturas desde la antigüedad, e incluso ha llegado a integrarse en algunas costumbres y creencias actuales. Pedir un deseo en la mesa partiendo una espoleta o hueso de la suerte es una práctica corriente que poca gente relacionaría con la brujería. Lo ideal sería realizar este hechizo un día en el que tengas por costumbre asar un pollo o un pavo, pero si no quieres esperar hasta la próxima fiesta en el calendario, aprovecha el hechizo para organizar tu propia celebración.

Te recomiendo que trabajes en la cocina. Limpia el pollo o pavo como suelas hacerlo, localiza la espoleta, que se encuentra entre el cuello y la pechuga del ave, y sácala. A continuación, coloca el hueso en el cuenco con agua de sol para lavarlo y aportarle algo más de energía de prosperidad. Cuando esté limpio, deja que se seque por completo.

Coloca en la bolsita la albahaca, la menta, la nuez triturada y la espoleta. Susurra dentro de la bolsa cualquier deseo que tengas y ciérrala. Lleva la bolsa contigo hasta que se cumpla el deseo, o cuélgala cerca del altar. Cocina el pollo o pavo con tu receta habitual y disfruta de la comida mientras visualizas buena suerte, gratitud y un futuro prometedor.

MEJOR MOMENTO Jueves o domingo, luna nueva o creciente
CONSEJO Si no comes carne, puedes utilizar una rama con forma de espoleta

Prepara una pequeña hoguera

UTENSILIOS Una tela de algodón de unos 10 x 10 cm | hilo o cordel | cirio | mechero o cerillas **INGREDIENTES** 1 cucharadita de albahaca | 1 cucharadita de canela

Este hechizo está inspirado en la costumbre báltica de encender una hoguera, dejarla arder toda la noche y saltar sobre las brasas para purificarte y atraer un año de buena suerte. Para este hechizo, fabricarás una muñeca como representación tuya.

En primer lugar, traza un círculo, ánclate a la tierra y céntrate, y purifica el altar y los materiales (pp. 26-27). Extiende la tela y coloca en el centro la cucharadita de albahaca. Levanta la tela por las cuatro esquinas, sujeta con los dedos pulgar e índice la parte donde están las hierbas y rodéala con el hilo o cordón para formar la «cabeza». Una vez bien atado, corta los extremos del hilo, abre la tela, rellena el «cuerpo» con la canela y átalo también. Cuando la muñeca esté terminada, lámete el pulgar y presiónalo sobre su cara para vincularla a tu persona. Enciende la vela y visualiza cómo la fortuna llega a ti. Toma la muñeca y muévela del lado izquierdo al derecho de la vela, pasándola por encima de la llama como si estuvieras saltando sobre una hoguera para purificarte. Una vez hecho, abre el círculo.

Deberías mantener la vela encendida y la muñeca toda la noche en el altar, para que lleven la luz del sol de un día para otro. Deja que la vela se consuma y guarda la muñeca en un lugar seguro.

Conserva la muñeca durante un año y luego quémala para sustituirla por otra nueva. Mientras arde, visualiza cómo se purifica y libera lo viejo, dejando espacio para que entren cosas nuevas en tu vida.

MEJOR MOMENTO A última hora de la tarde, cuando el sol esté todavía en el cielo

Hechizo con vela y herradura para atraer la suerte

UTENSILIOS Vela de té | mechero o cerillas | herradura (real, dibujada o recortada en papel) | plato resistente al fuego | cuchillo **INGREDIENTES** 1 manzana | 3 tréboles (preferiblemente de cuatro hojas)

Las herraduras son símbolo de fortuna y dinero desde la antigüedad, y solían colgarse en el dintel de la puerta principal de las casas para «atrapar» la buena suerte. Este hechizo está inspirado en esa costumbre.

Ánclate a la tierra, céntrate y traza un círculo. Purifica los utensilios e ingredientes (p. 27) y coloca el plato en el altar. Toma la manzana y la herradura y visualiza cómo circula la energía entre la tierra, el universo y tu propio cuerpo, cargando ambos elementos con tu intención. Pon la herradura en el plato con los extremos hacia arriba, en forma de U. Luego corta la manzana en horizontal (el cuchillo no debe pasar por el rabillo) para obtener dos mitades. Observa que las semillas de la manzana forman un pentáculo. Coloca una mitad sobre el plato, encima de la herradura (tal vez tengas que cortar una base plana para que apoye bien), y cómete la otra, disfrutando de las propiedades de la manzana.

Sitúa la vela de té sobre la media manzana que está en el plato y distribuye los tréboles en forma de triángulo alrededor de la herradura y la fruta. Enciende la vela y, mientras la llama arde, visualiza cómo la buena suerte llega a ti. Medita hasta que la vela se consuma, o hasta que sientas que la energía se ha liberado, y abre el círculo. Ahora cuelga la herradura sobre tu puerta con los extremos hacia arriba, en forma de U.

MEJOR MOMENTO Jueves, luna creciente

HECHIZOS DE

CRECIMIENTO PERSONAL

Un aspecto bonito de la brujería es la posibilidad de orientarla al crecimiento personal, ya sea para aumentar tu confianza, trabajar defectos o revelar una versión de ti mismo que dejaría asombrado a tu yo más joven.

Aceite de empoderamiento

UTENSILIOS Frasco con gotero o tapa **INGREDIENTES**
2 cucharadas de aceite base (almendras o pepita de uva) |
3 gotas de aceite esencial de romero | 3 gotas de aceite
esencial de verbena | 3 gotas de aceite de cardo mariano |
3 esquirlas de ojo de tigre

La intención de este aceite es aportarte fuerza para crear tu propia realidad. Puedes utilizarlo por sí solo o como ingrediente de otros hechizos o rituales, y resulta perfecto para ungir velas.

En primer lugar, purifica los ingredientes (p. 27). Luego échalos uno a uno en el frasco mientras recitas:

Cada ingrediente que añado suma
su poder. Soy fuerte, soy poderoso, soy libre.
Que así sea.

Agita el frasco para activar las energías de los ingredientes. Ponte una gota de aceite en las manos y frótalas entre sí hasta que notes calor. Sepáralas ligeramente, sintiendo la energía, y llévalas hacia tu pecho, como si empujaras esa energía dentro de tu corazón. Recita el conjuro:

Soy fuerte, soy poderoso, soy libre.
Que así sea.

MEJOR MOMENTO Luna creciente o llena
NOTA Solo para uso tópico

Sigilo de crecimiento personal

UTENSILIOS Bolígrafo | papel | loción corporal

Para ayudarte en tu camino de crecimiento personal, crea un sigilo que puedas dibujarte en la piel. Utilízalo como parte de un hechizo o en tu ritual diario.

En primer lugar, purifica el altar y los utensilios (p. 27). Para crear un sigilo de crecimiento personal, escribe las palabras «crecimiento personal», u otras metas o afirmaciones más concretas, siguiendo los pasos descritos en la página 22.

Para activar el sigilo, dibújalo sobre tu cuerpo con una loción, de modo que actúe más tiempo.

MEJOR MOMENTO Luna creciente

Ritual de autoconsagración

UTENSILIOS Un objeto que simbolice el ritual, como una joya

Este rito deberías realizarlo cuando desees entregarte al camino de la brujería. Está inspirado en ceremonias tradicionales secretas y es similar a una iniciación, pero no es obligatorio para la práctica de la brujería.

Traza un círculo (p. 26) y siéntate en postura meditativa, sintiendo la energía que fluye a través de ti. Toma el objeto que hayas elegido, colócate mirando al norte y recita:

*Guardián del norte, elemento
tierra, infunde tu fuerza
a este símbolo.*

Luego mira al este y di:

*Guardián del este, elemento
aire, infunde tu sabiduría
a este símbolo.*

A continuación, dirígete al sur y recita:

*Guardián del sur, elemento
fuego, infunde tu valor
a este símbolo.*

Por último, colócate hacia el oeste y di:

*Guardián del oeste, elemento
agua, infunde tu energía curativa
a este símbolo.*

Sitúate en el centro del círculo que has creado y coloca las manos sobre tu corazón, mientras sientes su energía. Alza las manos poco a poco, expandiendo esa energía para que fluya libremente hacia arriba. Recita:

*Divina energía, con este ritual me
consagro al camino de la brujería,
al aprendizaje y el crecimiento
constantes, a la aceptación y el
amor, a la apreciación de la magia
que existe en nuestro interior y a
nuestro alrededor. Para ello presto
mi juramento. Que así sea.*

Levanta el símbolo, bésalo y siéntate a meditar o festeja el momento con los espíritus presentes. Cuando hayas terminado, despide a los espíritus recorriendo el círculo en sentido contrario a las agujas del reloj y dándole las gracias a cada uno. Luego abre el círculo.

MEJOR MOMENTO Cuando te sientas preparado, elige un momento especial, como una noche de luna llena, una celebración estacional o un cumpleaños

Vela de empoderamiento

UTENSILIOS Caldero o recipiente resistente al fuego | vela blanca | mechero o cerillas **INGREDIENTES** 1 cucharadita de romero | 1 cucharadita de verbena | 1 cucharadita de tomillo | 5 claveles frescos | 5 hojas de laurel

Hay momentos en los que necesitamos valor para enfrentarnos a un obstáculo o superarlo. Realiza este hechizo siempre que desees aportar un poco de fuerza, confianza, independencia y empoderamiento a tu vida.

En primer lugar, céntrate, ánclate a la tierra y traza un círculo. Purifica los utensilios e ingredientes (pp. 26-27). Sitúa el caldero en el centro del altar y coloca la vela en el medio. Forma un círculo alrededor de la vela con el romero, la verbena y el tomillo, espolvoreándolos en el sentido de las agujas del reloj para atraer la energía hacia ti.

Visualiza la fuerza, el valor y el empoderamiento e imagina qué colores podrían tener. Luego forma un círculo mayor alrededor de la vela con los claveles, marcando las cinco puntas de un pentáculo. Coloca las hojas de laurel entre los claveles para completar el pentáculo. Ahora enciende la vela y recita este conjuro:

Convoco a los cuatro elementos, convoco a los espíritus de las plantas. Ayudadme en este hechizo para crear lo que deseo, para tornarme valiente, fuerte y poderoso. Que así sea.

Siéntate en postura meditativa hasta que la vela se consuma. Mientras contemplas la llama, concéntrate en tu propósito e imagínate absorbiendo energía.

Cuando hayas terminado, abre el círculo. Los restos de hierbas y flores puedes meterlos en un tarro de empoderamiento, o enterrarlos en el jardín o en una maceta.

MEJOR MOMENTO Luna llena

Infusión para mejorar las habilidades psíquicas

UTENSILIOS Frasco o recipiente | colador **INGREDIENTES** 3 cucharaditas de madreselva seca | 3 cucharaditas de hibisco seco | 3 cucharaditas de menta piperita seca | 3 cucharaditas de artemisa seca

Las infusiones herbales se han empleado desde la antigüedad para acceder al reino de lo psíquico, ya sea mediante un ritual, la meditación, el trance o con ingredientes alucinógenos. Esta infusión no es alucinógena, pero potenciará tus habilidades psíquicas.

Pon los ingredientes en el frasco. Coloca las manos sobre la mezcla para elevar la energía y visualiza a su alrededor una luz púrpura y plateada que aumente sus propiedades y la cargue con tu intención. Para preparar la infusión, echa una cucharadita de la mezcla en una taza, añade agua hirviendo y cuela pasados cinco minutos. Antes de beberla, recita:

Que esta infusión mejore mis habilidades psíquicas y me permita sentir más allá de lo común. Que así sea.

MEJOR MOMENTO Luna llena
NOTA No se debe consumir artemisa durante el embarazo

Bolsa amuleto para mejorar las habilidades psíquicas

UTENSILIOS Bolsita de algodón o lino | bolígrafo o hilo de color morado o plateado | aguja (si usas hilo) | cordón morado o plateado **INGREDIENTES** Ramita de cedro | 3 bayas de serbal secas | 1 cucharadita de artemisa seca | amatista pulida | piedra de luna pulida

El propósito de esta bolsa amuleto es mejorar poco a poco tus habilidades psíquicas. Llévala encima o colócala bajo la almohada.

En primer lugar, traza un círculo, ánclate a la tierra y céntrate, y purifica los materiales (pp. 26-27). Dibuja o borda en la bolsa un sigilo de desarrollo del potencial psíquico (p. 22) o la runa Perthro (p. 21). Introduce en ella todos los ingredientes. Rodea la parte superior de la bolsa con el cordón y haz un nudo flojo, para no cerrarla por completo. Recita en la pequeña abertura:

Que esta bolsa mejore mis habilidades psíquicas y clarividencia para ver, oír, saborear, oler y sentir lo que me rodea pero aún no percibo. Que así sea.

Cierra bien la bolsa y abre el círculo.

MEJOR MOMENTO Luna creciente o llena

Sigilo para aumentar la confianza

INGREDIENTES Aceite de empoderamiento (p. 65) o loción corporal

Este ritual es perfecto para encarar con seguridad un gran día, o para aumentar la confianza antes de ese importante acontecimiento que te espera en el horizonte. También puedes incluirlo en tu rutina de cuidado personal si adviertes con frecuencia que te falta confianza.

Prepárate para el hechizo creando un sigilo de confianza (p. 22).

Durante la ducha matutina, dedica cinco minutos a cerrar los ojos e imaginar cómo el agua te purifica, llevándose cualquier temor o duda que puedas tener. Visualiza cómo el agua lanza destellos de colores y te baña con el calor y la fuerza del sol. Deja que empape tu piel y recita:

Que el calor que acaricia mi piel entre en mí y haga crecer la confianza en mi interior. Que así sea.

Tras la ducha, dibuja el sigilo sobre tu vientre con aceite de empoderamiento o loción corporal.

MEJOR MOMENTO Por la mañana
CONSEJO Si puedes, dúchate al amanecer para aprovechar el poder del sol

Caja para ritual de glamur

UTENSILIOS Una caja pequeña o mediana **INGREDIENTES** 1 puñado de sal rosa | 1 puñado de pétalos de rosa secos

Los hechizos de glamur sirven para crear una ilusión, cuyo propósito es que aparezcas ante los demás con un aspecto que te permita cumplir tus deseos. Esta es la caja perfecta para tus rituales de glamur diarios.

En primer lugar, purifica los ingredientes (p. 27). Luego coloca la sal en la caja y añade encima los pétalos de rosa. Recita:

Hechizo esta caja para que todo lo que coloque en ella realce mi belleza interior cuando lo use.

Pon en la caja las joyas o el maquillaje que desees cargar de glamur —por ejemplo, un collar que realce tu atractivo durante una cita especial—.

MEJOR MOMENTO Miércoles, luna llena

Cuenco de autoestima

UTENSILIOS Cuenco grande | incienso **INGREDIENTES** 1 cucharadita de albahaca | 1 cucharadita de canela | 1 cucharadita de tomillo | cuarzo rosa | piedra de luna | cualquier objeto que relaciones con la autoestima

Este cuenco es perfecto para mejorar tu autoestima y recordarte lo mucho que vales, pero debe recibir un flujo constante de energía, así que añade regularmente elementos que representen la autoestima para ti.

En primer lugar, purifica el cuenco y los ingredientes (p. 27). Echa en el cuenco, uno a uno, la albahaca, la canela y el tomillo, mezcla todo con el dedo y manifiesta tu intención para cada ingrediente. Añade ambos cristales, manifestando también tus propósitos, y los elementos relacionados con la autoestima. Recita el conjuro:

Autoestima que siembro, crece.
Energías que brotáis, recordadme
lo mucho que valgo. Que así sea.

Coloca el cuenco en el altar o el dormitorio, preferiblemente donde te arregles, y añade elementos de vez en cuando para mantener la energía en movimiento. Cuando el cuenco empiece a rebosar, retira los elementos antiguos, purifícalos con incienso (p. 27) y guárdalos para otros usos.

MEJOR MOMENTO Luna llena o creciente

Baño de autoestima

UTENSILIOS Velas para crear ambiente (opcional) | mechero o cerillas (opcional)
INGREDIENTES 120 ml de agua de luna llena (consejo p. 34) | 245 g de sales de Epsom | 1 puñado grande de pétalos de rosa secos | 1 manzana cortada en rodajas | 4 gotas de aceite esencial de vainilla | tus flores frescas favoritas

Este baño relajante es el remate perfecto a un día de cuidado de uno mismo, sobre todo si lo disfrutas tras una deliciosa comida y un buen libro. Solo tienes que tumbarte, desconectar y sentirte nutrido, amado y apoyado.

Llena la bañera de agua, enciende las velas y añade los ingredientes uno a uno y con intención. Sumérgete en el agua e inspira profundamente varias veces. Con los ojos cerrados, relaja cada parte de tu cuerpo y nota cómo el agua te envuelve. Respira hondo y disfruta de los aromas de tu fragante baño. Deja que el agua caliente te meza, sosteniendo tu cuerpo y calmando tu alma.

Tras permanecer un rato en remojo, toma las rodajas de manzana y los demás ingredientes y frota tu cuerpo suavemente con ellos para que absorban cualquier energía antigua. Si te apetece, aprovecha el momento para practicar la sensualidad sagrada y desarrollar la autoestima sexual, empleando el clímax para enfocarte en un objetivo relacionado con el amor hacia ti mismo. Visualiza la energía del orgasmo dirigiéndose hacia esa meta personal.

MEJOR MOMENTO Atardecer, viernes, luna llena

Ritual para trabajar la sombra

UTENSILIOS Vela negra | mechero o cerillas | cartas del tarot | diario | bolígrafo

La sombra es el lado oscuro de la personalidad, esa parte de nosotros mismos que nos cuesta descubrir porque implica indagar en traumas personales y verdades incómodas. La intención de este hechizo es que inicies tu trabajo de sombra para ayudarte a sanar desde el interior.

En primer lugar, traza un círculo, ánclate a la tierra y céntrate, y purifica el altar y los utensilios (pp. 26-27). Luego invita a los espíritus, aliados, deidades o ancestros con los que quieras trabajar, ya que tal vez puedan prestarte su ayuda. Enciende la vela y baraja las cartas mientras recitas:

Cartas, mostradme eso que tal vez no me guste pero necesito saber para crecer y aceptarme a mí mismo. Que así sea.

Realiza una tirada de tres cartas, colocando primero la del centro y luego una a la izquierda y otra a la derecha. La carta central representa tu yo actual y cómo te ves a ti mismo; la de la izquierda simboliza una conducta pasada que aún no has reconocido; y la de la derecha muestra el trabajo que debes realizar para aceptar tu sombra. Dedica el tiempo que necesites a esta tirada y si lo estimas oportuno, saca cartas aclaratorias. Escribe en tu diario una interpretación detallada de la tirada y qué sentimientos te despierta.

Ahora anota los rasgos o traumas que deseas trabajar. Arranca la página, dóblala y colócala bajo la vela. Este es el primer paso para aceptar tu sombra. Cuando hayas terminado, apaga la vela, da las gracias a los espíritus, despídete de ellos y abre el círculo.

_____

MEJOR MOMENTO Luna nueva, lunes

(pp. 26-27). Invita a los espíritus, aliados, deidades o ancestros con los que quieras trabajar para que te sirvan de guía. A continuación, coloca en el altar el cuenco con agua. Siéntate en una postura cómoda frente a él, fija la mirada en el agua y recita:

Agua, agua, revélame mi verdadera naturaleza para que pueda contemplarla y aceptarla. Que así sea.

Observa tu reflejo y medita sobre el verdadero aspecto de tu sombra; piensa que siempre ha formado parte de ti y que no hay nada malo en ello. Toma el papel del ritual para trabajar la sombra, desdóblalo y lee lo que escribiste en él. Luego pon el papel en el cuenco y, con la mano dominante, remueve el agua en el sentido de las agujas del reloj, en señal de aceptación, hasta que el papel se deshaga. Recita:

Agua, agitada y calmada, toma mi sombra y purifícala con tu esencia.

Mientras el papel se deshace, observa cómo se mezclan tu reflejo y tu sombra y admite que no puedes separarte de ella, ya que es parte de ti. Acto seguido, dedica un tiempo a escribir en tu diario y trata de conectar con esa parte oscura, aceptando su presencia y la influencia que ha ejercido en tu vida y tu personalidad. Analiza dónde suele mostrarse. ¿Cómo se ha integrado en quien crees que eres? ¿En cuáles de tus hábitos cotidianos se ha colado? Cuando hayas terminado, da las gracias a los espíritus, despídete de ellos y abre el círculo. Tira el agua o úsala para otro trabajo de sombra.

MEJOR MOMENTO Luna nueva, lunes

Ritual para aceptar la sombra

UTENSILIOS Cuenco con agua | diario | bolígrafo

Por duro que resulte descubrir tu sombra —los detonantes emocionales y cualquier verdad incómoda—, aceptarla puede ser aún más complicado. Este hechizo debería realizarse tras el ritual para trabajar la sombra de la página anterior, y su intención es ayudarte a avanzar en el camino del autodescubrimiento y la aceptación.

En primer lugar, traza un círculo, ánclate a la tierra y céntrate, y purifica el altar y los utensilios

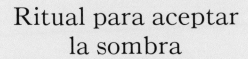

INTROSPECCIÓN

Ritual de perdón a uno mismo

UTENSILIOS Incienso | mechero o cerillas | bolígrafo | papel | hilo

Esta ceremonia no debería realizarse hasta haber llevado a cabo el ritual para trabajar la sombra y el ritual para aceptar la sombra (pp. 74-75). En este ritual, que representa el siguiente paso en tu camino de encarnación de la sombra, lanzarás un hechizo para perdonarte a ti mismo.

En primer lugar, traza un círculo, ánclate a la tierra y céntrate, y purifica el altar y los utensilios (pp. 26-27). Invita a los espíritus, aliados, deidades o ancestros con los que quieras trabajar, ya que tal vez puedan apoyarte. Enciende el incienso, toma el bolígrafo y el papel y escríbete una carta de perdón. Exprésate con total sinceridad, liberando traumas del pasado que hayas enterrado, situaciones que te hirieran o avergonzaran o situaciones que prefirieras olvidar, y perdónate. Cuando hayas terminado, dobla la carta por la mitad, plegándola hacia ti para atraer el perdón, y rodéala con el hilo formando una cruz. Haz un nudo mientras recitas:

El hechizo está hecho y atado,
llegue ahora el perdón deseado.
Que así sea.

A continuación, sostén la carta sobre el humo del incienso para que el viento transporte tus intenciones. Una vez hecho esto, da las gracias a los espíritus, despídete de ellos y abre el círculo. Guarda la carta en un lugar seguro; puedes usarla en el hechizo para soltar el pasado (p. sig.).

——————————

MEJOR MOMENTO Luna nueva, lunes

Soltar
el pasado

UTENSILIOS Bolígrafo | papel o la carta del ritual de perdón a uno mismo (p. ant.) | caldero o recipiente resistente al fuego | mechero o cerillas

La intención de este hechizo es ayudarte a soltar el pasado, dejando atrás emociones dolorosas, traumas, tristeza o ira —en especial todo lo que hayas reprimido—.

En primer lugar, traza un círculo, ánclate a la tierra y céntrate, y purifica el altar y los utensilios (pp. 26-27). Invita a los espíritus, aliados, deidades o ancestros con los que quieras trabajar. Anota en el papel aquello que desees soltar. O toma la carta y siéntate en postura meditativa, reflexionando sobre lo que escribiste en ella. Concéntrate en las emociones que te asaltan y en todo lo que te gustaría que desapareciera para poder crecer y tener una vida más feliz. A continuación, toma la carta, préndela y colócala en el caldero. Mientras el papel arde, imagina que desaparece todo lo que lleva escrito. Observa cómo se queman las palabras, purificadas por el fuego, y recita el conjuro:

Suelto estas ataduras
para que no vuelvan a ejercer
su poder sobre mí.
Que así sea.

Cuando hayas terminado, da las gracias a los espíritus, despídete de ellos y abre el círculo. Recoge las cenizas y espárcelas al viento, lejos de la casa.

———————————

MEJOR MOMENTO Luna nueva, lunes

Ritual matutino

UTENSILIOS Té o café | cartas del tarot | tu música o libro favorito
INGREDIENTES Agua de sol (consejo p. 49)

Este ritual te ayudará a comenzar el día de forma positiva.

Nada más despertar, toma una ducha y visualiza cómo el agua arrastra cualquier energía negativa o estancada. Imagina cómo las energías de días pasados fluyen y son neutralizadas por la madre tierra. Salpícate la cara con agua de sol para atraer la buena suerte y la felicidad.

A continuación, disfruta de un café o un té junto al altar mientras sacas una carta del tarot, lees un poco o escuchas música animada. Acto seguido dedica 10 minutos a meditar. La meditación es una de las mejores maneras de conectar con los guardianes espirituales y trabajar con las energías, además de que te ayudará a visualizar e invocar.

Si trabajas con deidades, espíritus o ancestros, déjales una ofrenda en el altar o en la naturaleza, dándoles las gracias por este día. Por último, ánclate y céntrate antes de iniciar la jornada.

_____

MEJOR MOMENTO Por la mañana

CRECIMIENTO PERSONAL

Café o infusión con propósito

UTENSILIOS Tu infusión o café favorito | cucharilla | taza

Para dar un sentido más profundo a tu infusión o café de la mañana, busca las características de los ingredientes que utilizas (consulta las correspondencias en pp. 182-185) y añádelos con intención.

Remueve en el sentido de las agujas del reloj para atraer buena suerte y bendiciones. Luego remueve en sentido contrario para dispersar y alejar cualquier energía indeseada. Recoge con la cucharilla las burbujas que se formen y bébetelas para conseguir fortuna. Para purificar la taza, frótate las manos hasta que notes calor, colócalas encima y recita:

Que esta taza quede purificada y bendecida y me prepare para el día. Que así sea.

MEJOR MOMENTO Cada mañana

Ritual de gratitud

UTENSILIOS Vela de té | mechero o cerillas | bolígrafo | grimorio o papel

Este ritual es perfecto para celebrar la luna llena. También puedes realizarlo cuando te sientas decaído y necesites mejorar tu ánimo, mostrar gratitud y cultivar la alegría.

En primer lugar, traza un círculo, ánclate a la tierra y céntrate, y purifica el altar y los utensilios (pp. 26-27). Enciende la vela y siéntate en postura meditativa al menos cinco minutos. A continuación, escribe tres cosas que te hagan sonreír cada día, seguidas de tres cosas que alegren tu vida y otras tres cosas por las que estés agradecido. Si deseas escribir más de tres cosas en cada categoría, hazlo, pero trata de incluir al menos tres —pueden ser cosas tan sencillas como llevar unos calcetines calentitos, ver de nuevo tu película favorita o haber tenido un sueño bonito esa noche—. Cuando hayas terminado de escribir las listas, recita este conjuro:

Siento gratitud, felicidad y amor por lo que poseo. Que siempre lo recuerde y sigan acudiendo a mí las bendiciones. Que así sea.

MEJOR MOMENTO Luna llena

SALUD *y* BIENESTAR

Hechizos como las infusiones para fortalecer el sistema inmunitario o los amuletos de curación —tanto física como emocional— no deberían sustituir a la atención médica, pero pueden resultar útiles y reconfortantes cuando se combinan con la medicina tradicional.

Hechizo de absorción con una patata

UTENSILIOS Pala | maceta | tierra **INGREDIENTES** 1 patata

En este sencillo hechizo se utiliza una patata para absorber la enfermedad y devolver la salud.

Lo primero es purificar los utensilios e ingredientes. Para ello frótate las manos hasta que notes calor, colócalas sobre los materiales y recita:

*Estos materiales quedan purificados
y bendecidos.*

Toma la patata y pásala lentamente por tu cuerpo, visualizando cómo arrastra cualquier signo de enfermedad. Luego dale las gracias y entiérrala en una maceta o en el jardín. El suelo neutralizará la patata y no tardarás en tener una planta de la que recolectar frutos para otros hechizos y recetas.

───────

MEJOR MOMENTO Domingo, luna menguante

Infusión para alejar resfriados

UTENSILIOS Taza | colador **INGREDIENTES** 1 limón | 1/2 cucharada de cúrcuma | 3 rodajas de jengibre fresco | 1 rama de canela | 1 cucharadita de miel

Prepara esta infusión para combatir resfriados o fortalecer el sistema inmunitario en invierno.

En primer lugar, purifica los materiales (pp. 27). Luego pon a calentar suficiente agua para llenar una taza y, cuando hierva, retírala del fuego y espera a que pierda algo de calor (el agua hirviendo acaba con las propiedades curativas de la miel). Exprime el limón, echa todos los ingredientes en la taza y remueve en sentido contrario a las agujas del reloj para alejar el resfriado. Recita este conjuro antes de beber:

*Con esta infusión alejo el resfriado
y recupero la salud. Que así sea.*

Toma la infusión de forma consciente, sintiendo cómo el líquido cálido baja por tu garganta hasta el estómago y te sana desde dentro. Visualiza una luz parpadeante que brota de la infusión y disipa la energía estancada, por ejemplo en la garganta dolorida.

Cuando hayas terminado, cierra los ojos, inspira hondo tres veces y da las gracias a las plantas utilizadas.

───────

MEJOR MOMENTO Domingo, jueves, luna menguante
NOTA Si estás embarazada o estás dando el pecho, consulta antes de tomar infusiones herbales

Hechizo con nudos para alejar dolencias

UTENSILIOS Cordel (marrón natural o blanco) | vela de té (blanca) | mechero o cerillas | caldero

Los nudos de este hechizo se desatan para simbolizar la desaparición de una enfermedad.

En primer lugar, traza un círculo, ánclate a la tierra y céntrate, y purifica el altar y los utensilios (pp. 26-27). Toma el cordel, medita unos minutos sobre tu intención y anuda uno de los extremos. Haz un total de tres nudos —no los aprietes demasiado, ya que tendrás que deshacerlos luego— y recita estas palabras al tiempo que atas cada uno:

> *Con el primer nudo, el hechizo comienza*
> *y amarro a este cordel mi dolencia.*
> *Con el segundo nudo, la magia aparece*
> *y aleja el mal para que nunca regrese.*
> *Con el tercer nudo, se hace realidad*
> *y aparto la enfermedad. Que así sea.*

Cuando tengas tres nudos en el cordel, enciende la vela. Ahora desátalos mientras recitas:

> *Con el tercero de los nudos, desapareces.*
> *Con el segundo de los nudos, te alejo.*
> *Con el primero de los nudos, queda sellado el hechizo.*
> *Que así sea.*

A continuación, prende el cordel con la llama de la vela y ponlo en el caldero para no quemarte los dedos. Asegúrate de que se quema por completo y luego abre el círculo.

MEJOR MOMENTO Atardecer, sábado, luna llena

Aceite de salud

UTENSILIOS Frasco con cuentagotas o tapa | embudo **INGREDIENTES** 3 gotas de aceite esencial de romero | 3 gotas de aceite esencial de jengibre | 3 gotas de aceite esencial de árnica | 2 gotas de aceite esencial de menta piperita | 2 cucharadas de aceite base (almendras o pepita de uva)

Este aceite es perfecto para ungir velas y dibujar sigilos que atraigan la buena salud.

En primer lugar, purifica los materiales. Para ello frótate las manos hasta que notes calor, colócalas sobre los utensilios e ingredientes y recita:

Estos materiales quedan purificados y bendecidos.

Vierte los aceites esenciales uno a uno en el frasco, agita un poco el recipiente para mezclarlos y recita el conjuro:

Tráigame buena salud este aceite, el mayor de los tesoros encuentre. Que así sea.

Luego añade el aceite base. Agita el frasco para activar la mezcla antes de aplicártela en el cuerpo o de incluirla en otros hechizos o rituales. Cada vez que utilices el aceite, repite el conjuro anterior o deja que la intuición guíe tus palabras.

_____

MEJOR MOMENTO Luna llena
NOTA Solo para uso tópico

Amuleto de curación abracadabra

UTENSILIOS Papel (o círculo de madera o pieza metálica) | bolígrafo (o herramienta de grabado)

La palabra «abracadabra» se utilizaba para alejar plagas, maleficios y enfermedades. Su origen no está claro, pero podría venir del Imperio Romano o de las lenguas aramea o hebrea.

Algunos documentos históricos mencionan que la gente llevaba estos amuletos durante nueve días y luego los lanzaba a un río.

Para crear un amuleto de curación escribe la palabra «abracadabra» en la parte superior del papel (o grábala en la madera o el metal) y repítela debajo con una letra menos cada vez (como ves aquí) para alejar el mal:

Abracadabra
Abracadabr
Abracadab
Abracada
Abracad
Abraca
Abrac
Abra
Abr
Ab
A

Lleva el amuleto contigo para conseguir buena salud y protección.

MEJOR MOMENTO Luna llena, lunes

Aerosol para pulverizar la cama

UTENSILIOS Pulverizador (mejor de cristal) **INGREDIENTES** Agua de luna llena (consejo p. 34) | 3 gotas de zumo de limón | 3 gotas de aceite esencial de canela | 3 gotas de aceite esencial de jazmín | 3 gotas de aceite esencial de romero

Tu cama debería ser un lugar de descanso y recuperación. Este aerosol es ideal para echarlo a su alrededor y atraer la buena salud.

Coloca en el pulverizador el agua de luna llena, el zumo de limón y los aceites esenciales. Agita el frasco para activar las energías y combinar los ingredientes (recuerda que el agua y los aceites no llegan a mezclarse del todo). Agítalo de nuevo antes de usarlo y pulveriza con propósito. Lo ideal es echar el aerosol sobre la cama o alrededor de ella una media hora antes de irte a dormir. Al pulverizar, visualiza cómo una energía curativa rodea la cama y cualquier elemento estancado desaparece. También puedes recitar:

Este lugar de recuperación y descanso queda purificado para que la buena salud venga a mí. Que así sea.

MEJOR MOMENTO Luna llena

Tarro de hechizo para atraer salud

UTENSILIOS Frasco de cristal pequeño | papel | bolígrafo | vela verde (o silicona caliente) | mechero o cerillas **INGREDIENTES** 1/4 cucharadita de sal | 1/4 cucharadita de menta piperita | 1/4 cucharadita de romero | 1/4 cucharadita de lavanda | 3 gotas de aceite de salud (p. 84)

Los tarros de hechizo sirven para atraer y contener, en este caso la buena salud. Realiza este hechizo para mejorar o mantener tu salud.

En primer lugar, purifica el frasco de cristal (p. 27). Luego coloca dentro la sal, la menta piperita, el romero, la lavanda y el aceite de salud. Dibuja tu sigilo de curación (ver hechizo siguiente) o escribe las palabras «buena salud» en el papel, enróllalo hacia ti y mételo en el frasco. Cierra el recipiente y sella la tapa con gotas de cera o silicona caliente.

Puedes recitar una sencilla afirmación, eligiendo las palabras de manera intuitiva o diciendo:

Ayúdame a mantener la salud y el bienestar, protegiéndome de la enfermedad. Que así sea.

Agita el frasco de vez en cuando para activar las energías, y siempre que te sientas enfermo o necesites animarte.

MEJOR MOMENTO Domingo, martes, luna llena o nueva

Sigilo de buena salud

UTENSILIOS Bolígrafo | papel

Para facilitar la curación y atraer la buena salud, crea un sigilo que puedas dibujar sobre tu piel, trazar en el aire encima de una herida leve, o utilizar como parte de otro hechizo o ritual.

En primer lugar, purifica el altar y los utensilios. Luego escribe en el papel las palabras «salud física» —u otro objetivo o afirmación más específico—. Emplea la técnica explicada en la página 22 para crear el sigilo. Para activarlo, dibújalo en tu piel con pomada curativa (p. 93) o agua (por sus propiedades curativas), o trázalo en el aire por encima de tu cuerpo.

MEJOR MOMENTO Luna creciente

Amuleto de ámbar

UTENSILIOS Joya de ámbar

El ámbar es una resina vegetal fosilizada que se emplea en muchas culturas, a menudo para aliviar el dolor de la dentición en los bebés. En los países bálticos (el ámbar más famoso procede del Báltico), lo usan en diversos ritos tradicionales y cotidianos, ya que se afirma que aporta salud y prosperidad.

En primer lugar, frótate las manos hasta que notes calor y hormigueo. Luego toma la joya de ámbar y colócala entre tus palmas, como si estuvieras rezando. Siente cómo el ámbar se calienta con tu energía y recita:

Este ámbar queda purificado y bendecido para traerme salud y riqueza. Que así sea.

Puedes sustituir la palabra «riqueza» por otra que elijas de forma intuitiva.

Lleva esta joya a diario, o cuando estés cuidando de tu salud de manera especial.

MEJOR MOMENTO Luna nueva o llena

Hechizo para una piel bella

UTENSILIOS Cuenco con agua | 1 cucharadita de agua de luna llena (consejo p. 34) | cuarzo rosa o transparente

Este hechizo tiene como propósito ayudarte en el proceso de curación de tu piel, y resulta especialmente poderoso si se realiza por la mañana y por la noche.

Llena un cuenco con agua y añádele el agua de luna. Toma el cuarzo, sostenlo a la altura de tus ojos y visualiza una energía brillante que fluye hacia él desde tu cuerpo, el universo y la naturaleza. Programa el cristal para el propósito específico de sanar tu piel recitando estas palabras:

Querido cristal, te programo para que me ayudes a sanar mi piel transmitiendo al agua tu poder. Que así sea.

Coloca el cristal junto al cuenco. Lávate con el agua y visualiza cómo tu piel absorbe su energía curativa, que la hace resplandecer desde el interior. Imagina el agua entrando por tus poros y un brillo a tu alrededor que aumenta tu confianza y te ayuda a contemplarte con más amor.

Tira el agua ya usada y visualízala llevándose la inflamación y la irritación, que regresarán a la naturaleza para ser neutralizadas. Cada vez que prepares el cuenco con agua imagina que la naturaleza te aporta su energía refrescante y purificadora.

MEJOR MOMENTO A diario durante al menos siete días, la semana de luna llena
CONSEJO No metas los cristales en el agua, ya que tienen unas rugosidades microscópicas que pueden contener bacterias

Baño ritual en luna menguante

UTENSILIOS Bañera | 1 vela de té verde | 2 velas de té blancas | mechero o cerillas **INGREDIENTES** 150 g de sal (de Epsom o de mesa) | 1 manzana cortada en láminas | 1 puñado de menta piperita fresca | 1 puñado de manzanilla fresca o seca | 1 puñado de flores de dientes de león frescas

La luna menguante ayuda a soltar, reducir y dejar ir todo aquello que no se desea. Es una fase magnífica para alejar enfermedades, sobre todo si se combina con el agua. Es preferible bañarse en un entorno natural, pero no siempre es posible, así que una bañera sirve.

Llena la bañera y enciende las tres velas. Echa en el agua la sal, la manzana en láminas, las hojas de menta, la manzanilla y las flores de diente de león, concentrándote en tu propósito. Métete en la bañera y deja que el agua empape tu piel. Sumérgete todo lo que puedas y échate agua por todo el cuerpo con las manos para arrastrar las dolencias y purificarte. Recita este conjuro tres veces:

*En esta luna menguante, alejo
dolores y males con agua
purificadora y energías herbales.
Que así sea.*

Imagina cómo el agua infusionada arrastra las energías estancadas que te causan enfermedad y dolor, tanto físico como emocional. Visualiza cómo la manzana y los demás ingredientes actúan como esponjas y sacan del agua esa energía antigua.

Por último, sal de la bañera y vacíala. Recoge las hierbas, lávalas para que no quede nada de sal en ellas y lánzalas a un río o al mar —o tíralas a la basura—.

_____

MEJOR MOMENTO Al anochecer, cuando la luna menguante esté en el cielo, martes o domingo

Cepillos encantados para los dientes y el pelo

UTENSILIOS Cuenco con sal | incienso | vela de té | mechero o cerillas | cuenco con agua | bolígrafo resistente al agua | papel | tu cepillo de dientes | tu cepillo para el pelo

Añade un poco de magia a tu vida diaria hechizando el cepillo de dientes y el del pelo para que atraigan salud, protección o cualquier otra cosa que desees. Este hechizo en particular está enfocado en la salud.

En primer lugar, traza un círculo, ánclate a la tierra y céntrate, y purifica el altar y los utensilios (pp. 26-27). Coloca en el altar el cuenco con sal hacia el norte, el incienso hacia el este, la vela hacia el sur y el cuenco con agua hacia el oeste. Estas son tus representaciones de los elementos. Enciende la vela y el incienso, y dibuja en el papel tu sigilo de buena salud (p. 86) o la runa Laguz (p. 21). Recorta un círculo alrededor del sigilo o la runa y colócalo entre las representaciones de los elementos. Ahora toma el cepillo de dientes, sostenlo sobre el cuenco con sal y recita:

Elemento tierra, carga este objeto con tu poder sanador.

Repite el conjuro un total de tres veces, pasando por cada elemento en el sentido de las agujas del reloj. Luego coloca el cepillo sobre el papel con el sigilo o la runa y recita:

Tras recibir los poderes de la tierra, el aire, el fuego y el agua, invoco a los espíritus para que otorguen poderes curativos a este objeto, e invoco a este [sigilo/runa] para que aporte su energía sanadora a este objeto. Que así sea.

Repite el ritual con el cepillo para el pelo. Cuando hayas terminado, despídete de los espíritus y abre el círculo.

——————————

MEJOR MOMENTO Luna creciente o llena

Sopa para una buena salud

UTENSILIOS 2 cacerolas grandes | tabla de cortar | cuchillo **INGREDIENTES** 1 cucharadita de sal | 1/2 cucharadita de pimienta negra | 1 pastilla de caldo de pollo o verduras | 3 pechugas de pollo (alternativa vegana: tofu, setas, seitán) | 1 cebolla | 2 zanahorias | 4 dientes de ajo | 1 hoja de laurel | 300 g de pasta (conchas, letras o la que prefieras). Para 4 personas

Esta sopa con ingredientes nutritivos y una pizca de magia es perfecta para fortalecer el sistema inmunitario.

Toma una cazuela, llénala hasta la mitad de agua y caliéntala a temperatura alta. Añade la mitad de la sal, la pimienta, la pastilla de caldo y el pollo (o sustituto vegano). Trocea las verduras, machaca el ajo y pon todo en la cazuela. Antes de echar la hoja de laurel, susúrrale:

Tráeme buena salud.

Remueve en el sentido de las agujas del reloj para atraer la salud.

Deja que hierva a fuego medio durante una hora y media. El pollo debe quedar tierno y las verduras, blandas.

Mientras tanto, llena la segunda cazuela con agua caliente, añade sal y cocina la pasta según las instrucciones del paquete.

Desmenuza el pollo con dos tenedores y sírvelo (o la alternativa vegana) en cuencos junto a la sopa y la pasta, teniendo presente en todo momento tu propósito.

MEJOR MOMENTO Luna llena, lunes

Pomada curativa

UTENSILIOS Frasco pequeño de cristal | 1 cazuela mediana | 1 cazo más pequeño | cuchara o varillas **INGREDIENTES** 1 cucharada de cera de abeja | 50 ml de aceite de coco | 10 gotas de aceite esencial de mandarina | 10 gotas de aceite esencial de eucalipto | 10 gotas de aceite esencial de lavanda | 5 gotas de aceite esencial de árbol del té | 5 gotas de aceite esencial de manzanilla | 3 gotas de vitamina E

Esta pomada facilita la curación de pequeños cortes y golpes.

En primer lugar, purifica los utensilios e ingredientes (p. 27). Luego llena la cazuela hasta la mitad de agua, ponla a calentar y, cuando hierva, déjala a temperatura media/baja. Pon el cazo dentro del agua y echa en él la cera de abeja (la cera no debe calentarse directamente al fuego). Cuando esté derretida, incorpora los aceites poco a poco —removiendo primero en sentido antihorario para alejar la enfermedad y luego al contrario para atraer la salud—. Recita el conjuro:

Que estos aceites curativos se mezclen para sanar y alejar el dolor. Que así sea.

Vierte la mezcla en el frasco y déjala enfriar varias horas sin tapa (si cierras el recipiente, puede producirse condensación).

Cuando te apliques la pomada, dibuja sigilos de buena salud (p. 22) y masajea suavemente, visualizando cómo el remedio penetra en la piel y una parpadeante luz dorada calma la zona afectada.

MEJOR MOMENTO Luna llena, lunes, martes
NOTA Solo para uso tópico

Ritual de curación con una vela

UTENSILIOS Caldero o recipiente resistente al fuego | 1 vela de pilar blanca | aguja, espina o palillo | mechero o cerillas **INGREDIENTES** 1 cucharadita de hamamelis | 1 cucharadita de lavanda | 1/2 cucharadita de raíz de mandrágora molida | 3 clavos de olor | aceite de salud (p. 84)

El fuego permite activar y liberar energía de forma inmediata, lo que resulta perfecto para este hechizo en el que, combinado con hierbas y sigilos, favorecerá y acelerará el proceso de curación.

En primer lugar, traza un círculo, ánclate a la tierra y céntrate, y purifica el altar y los materiales (pp. 26-27). Coloca el caldero o recipiente resistente al fuego en el centro del altar y espolvorea dentro el hamamelis, la lavanda y la raíz de mandrágora. Remueve las hierbas con el dedo, tres veces en el sentido de las agujas del reloj y tres veces en sentido contrario. Toma la vela y golpéala tres veces en el altar para despertarla. Graba tu sigilo de curación (p. 22) en la vela con la aguja, la espina o el palillo, úngela con el aceite de salud y pásala por la mezcla de hierbas, rodándola hacia ti. Por último, fija los clavos de olor en lo alto de la vela, formando un triángulo alrededor del pabilo. Coloca la vela en el centro del caldero con las hierbas sobrantes, enciéndela y recita:

Que tu fuego queme toda enfermedad y me devuelva salud y vitalidad.
Que así sea.

Siéntate en postura meditativa hasta que tu intuición te diga que puedes poner fin al ritual. Abre el círculo. Vuelve a sentarte en postura meditativa y a encender la vela cada día.

MEJOR MOMENTO Cada día en torno a la luna llena

Curación a distancia

UTENSILIOS Plato resistente al fuego | espejo | fotografía de tu ser querido | 1 vela votiva blanca | mechero o cerillas **INGREDIENTES** 270 g de sal | 1 cucharada de romero | 1 cucharada de menta piperita | 5 dientes de ajo

Cuando un ser querido está enfermo, resulta duro que la distancia o las restricciones te impidan llevarle un poco de caldo. La intención de este hechizo de curación a distancia es enviarle tu amor y una energía sanadora que le ayude a recuperarse.

En primer lugar, traza un círculo, ánclate a la tierra y céntrate, y purifica el altar y los materiales (pp. 26-27). Coloca el plato en el centro del altar y el espejo tras él, mirando hacia ti. Apoya la fotografía en el plato para que quede frente al espejo. Golpea la vela tres veces en el altar para despertarla, y luego ponla en el centro del plato. Forma un círculo con la sal alrededor del espejo, la fotografía y el plato. Forma otro círculo con el romero y la menta alrededor de la vela, y coloca los ajos en torno a ella dibujando un pentáculo. Enciende la vela y recita el conjuro:

Invoco a la energía de la sanación para que llegue hasta ti. Que te encuentre en paz y te envuelva con su calidez y amor. Que así sea.

Cuando hayas terminado, abre el círculo. Deja que la vela se consuma.

———————

MEJOR MOMENTO Luna menguante, domingo, martes

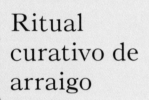

Ritual curativo de arraigo

UTENSILIOS Manta por si hace frío o hay humedad

La naturaleza puede reconfortar y revitalizar el alma, sobre todo tras un día, una semana o un año complicado. Resulta muy beneficioso dedicar un día a conectar con ella y soltar.

Pasea hasta un entorno natural apartado y seguro —puede ser un parque local, un bonito bosque o tu jardín—. Busca un lugar cómodo, a ser posible bajo un gran árbol en el que puedas apoyarte. Siéntate, cierra los ojos y empieza a anclarte a la tierra y centrarte. Imagina que te crecen raíces y que se hunden en el suelo hasta llegar al corazón del planeta. Siente cómo el calor te alimenta y te llena con una luz dorada o plateada. Cualquier energía bloqueada y estancada fluye hacia ese interior cálido y brillante, donde es neutralizada, y a cambio recibes la energía de la naturaleza. Esta tapa cualquier fisura o grieta de tu campo energético, sanándote de dentro afuera. Recita tres veces:

Poderosa madre naturaleza,
aleja de mí el dolor y
la pena y lléname con
tu luz sanadora.
Que me crezcan raíces
tan firmes y robustas
como las del mayor de
los árboles para sentir cada
día su fuerza.
Que así sea.

Cuando hayas terminado, toma tres respiraciones profundas y da las gracias a la madre naturaleza.

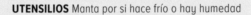

MEJOR MOMENTO Cualquiera

Talismán para la sanación emocional

UTENSILIOS Papel | bolígrafo | cordel de hilo natural | bolsita con cierre de cordón **INGREDIENTES** Calcedonia azul (o cristal equivalente, consulta las correspondencias en pp. 180-181) | 1 cucharadita de lavanda

La sanación emocional requiere tiempo y, en ocasiones, ayuda profesional, pero este hechizo puede ofrecerte un poco de apoyo espiritual extra a través de un pequeño amuleto que te recordará lo lejos que has llegado y la importancia de vivir el día a día.

Lo primero que debes hacer es trazar un círculo, anclarte a la tierra y centrarte, y purificar el altar y los materiales (pp. 26-27). Luego escribe en el papel tres, seis o nueve afirmaciones positivas. Pueden ser tan sencillas como «Soy feliz» o «Me siento satisfecho y estoy contento». Exprésate como si ya hubieras conseguido esas metas. A continuación, coloca el cristal sobre el papel y esparce la lavanda alrededor. Levanta cuidadosamente las cuatro esquinas del papel, envuelve con él el cristal y la lavanda y átalo todo con el cordel para formar un pequeño paquete. Coloca este paquetito dentro de la bolsa y recita el conjuro:

Bendigo y consagro esta herramienta para convertirla en un sagrado talismán. Que reciba protección y me asista en mi camino de sanación. Que así sea.

Sostén el amuleto en las manos y cárgalo con tu energía mientras visualizas cómo esta fluye hacia la bolsita hasta llenarla por completo —puede que incluso notes un cambio en la energía o un ligero zumbido en las manos—. Cuando hayas terminado, abre el círculo.

Lleva el amuleto siempre contigo para que puedas tomarlo entre las manos cuando lo necesites y su energía calme tus emociones.

MEJOR MOMENTO Luna llena, lunes

AMOR *y* SEXO

Los hechizos relacionados con el amor y el sexo son los más populares. Aquí encontrarás desde pociones de amor consentido y amuletos para mejorar las relaciones sexuales hasta hechizos que te ayudarán a superar una ruptura o alejarte de una pareja.

Aceite de amor romántico

UTENSILIOS Frasco con cuentagotas o aplicador de bola | embudo **INGREDIENTES** 10 gotas de aceite esencial de mandarina | 5 gotas de aceite esencial de vainilla | 10 gotas de aceite esencial de sándalo | 3 trocitos de cuarzo rosa | una pizca de pétalos de rosa secos | aceite base (almendras o pepita de uva)

Este aceite es ideal para aplicarlo en la piel o usarlo en hechizos que añadan romance a tu vida. Puedes incluirlo también en tu magia sexual para crear un vínculo amoroso con tu pareja o invocar la sensualidad en un ritual de autoestima.

En primer lugar, purifica los materiales (p. 27). Luego echa los aceites esenciales, el cuarzo rosa y los pétalos de rosa en el frasco mientras recitas:

*Que este aceite me traiga romance
y sensualidad para disfrutar del amor
y la pasión. Que así sea.*

Por último, llena el frasco con el aceite base. Agita el recipiente para activar las energías de los ingredientes y aplícate una gota en los puntos de presión (muñecas y cuello). Visualiza cómo el aceite penetra en tu piel, creando un campo de energía romántica a tu alrededor. Este aceite provocará un reflejo olfativo.

MEJOR MOMENTO Viernes, luna llena
NOTA Solo para uso tópico

Muffins para reavivar la llama

UTENSILIOS 2 cuencos grandes | cuchara de madera | bandeja para *muffins* | moldes de papel **INGREDIENTES** Secos: 240 g de harina de trigo sin levadura | 170 g de pepitas de chocolate | 67 g de azúcar | una pizca de sal | 2 cucharaditas de levadura en polvo | Húmedos: 1 cucharadita de extracto de vainilla | 120 ml de aceite vegetal | 2 huevos grandes | 125 g de fresas en dados | 120 ml de leche condensada

Suele decirse que el camino al corazón de una persona pasa por su estómago. Si a tu relación le falta lustre y romanticismo, estos *muffins* son perfectos para reavivar la llama del amor.

Precalienta el horno a 200 °C (180 °C con ventilador). Mezcla los ingredientes secos en un cuenco y los húmedos en otro. No importa que queden algunos grumos, así que no remuevas en exceso. Incorpora los ingredientes secos a los húmedos y, mientras mezclas, recita este conjuro:

Fresas para el romance y chocolate para la pasión, mezclaos para reavivar la llama de nuestra relación. Creced con el calor igual que volverá a hacerlo nuestro amor. Que así sea.

Reparte la mezcla en los moldes y hornea los *muffins* unos 18-20 minutos, o hasta que insertes un palillo y salga limpio. Déjalos enfriar 10 minutos y ofréceselos templados a tu pareja, solos o con mantequilla y mermelada.

MEJOR MOMENTO Viernes, luna creciente

Hechizo para un vínculo divino

UTENSILIOS 2 joyas | caja metálica | bolígrafo | papel | pala **INGREDIENTES** Pétalos de rosa de color rojo o rosa | cuarzo rosa

Este hechizo está inspirado en la costumbre de regalar a la persona amada una joya, normalmente un anillo, como símbolo de amor eterno y fidelidad entre ambos. Puedes realizarlo junto a tu pareja o entregarle la joya encantada como regalo especial.

En primer lugar, traza un círculo, ánclate a la tierra y céntrate, y purifica el altar y los materiales (pp. 26-27). Luego toma las joyas y colócalas entre tus palmas, como si estuvieras rezando. Si estás con tu pareja, rodea sus manos con las tuyas. Siente cómo tu energía calienta las joyas y recita este conjuro:

Que estas joyas queden impregnadas del amor que compartimos para mantenerlo duradero y fuerte, para unirnos con afecto y devoción a través de océanos y continentes. Que así sea.

Toma la caja metálica y coloca dentro los pétalos de rosa, el cristal y las joyas. Escribe el conjuro en el papel, bésalo y ponlo también en la caja. Luego abre el círculo. Para terminar, busca un lugar donde puedas enterrar la caja durante nueve días (puedes usar una maceta con tierra) para que absorba las energías de la naturaleza y represente la fortaleza de la relación ante las tormentas que puedan surgir. Pasados nueve días, desentierra la caja y activad las joyas poniéndoos una cada uno.

MEJOR MOMENTO Viernes, luna llena

Baño ritual para amantes

UTENSILIOS Velas de té para dar ambiente | mechero o cerillas **INGREDIENTES** 120 ml de agua de luna llena (consejo p. 34) | 120 ml de leche | 1 puñado de rosas frescas (de color rosa o rojo) | 1 puñado de flores de jazmín o hibisco frescas | 1 manzana en láminas | 3 gotas de aceite de amor romántico (p. 99)

Puedes disfrutar de este baño con tu pareja o en solitario. Es perfecto como hechizo independiente o para integrarlo en un ritual más elaborado.

Llena la bañera de agua y añade los ingredientes, uno a uno y con intención. Si lo deseas, manifiesta en voz alta el propósito de cada elemento (consulta las correspondencias en pp. 182-185). Meteos juntos (o solo tú) en la bañera y dejad que el agua cargada de magia empape vuestra piel. Dedicad un rato a demostraros afecto. Tras el baño, recoge las flores para usarlas en otro hechizo, secarlas y guardarlas o enterrarlas en el jardín o en una maceta.

_____

MEJOR MOMENTO Al amanecer, viernes, luna llena

Bolsa amuleto para mejorar las relaciones sexuales

UTENSILIOS Una bolsita o pedazo de tela de algodón o lino **INGREDIENTES** 2 pétalos de rosa | 2 flores de jazmín | 2 cuarzos rosas | 2 rodajas de manzana deshidratada | 2 gotas de aceite de amor romántico (p. 99)

Coloca este amuleto bajo tu almohada o la de tu amante para mejorar vuestra vida sexual y añadir romance y pasión a la relación.

En primer lugar, traza un círculo, ánclate a la tierra y céntrate, y purifica el altar y los materiales (pp. 26-27). Toma el pedazo de tela o la bolsita, pon dentro los pétalos de rosa, las flores de jazmín, los cuarzos y la manzana y añade encima dos gotas de aceite de amor romántico. Cierra la bolsita con un nudo flojo, dejando una pequeña abertura en la que puedas recitar:

Que esta bolsita nos traiga
pasión e intimidad.
Que así sea.

Aprieta el nudo para cerrar bien la bolsa y abre el círculo.

_____

MEJOR MOMENTO Viernes, luna llena
CONSEJO Puedes preparar dos bolsas y colocar una bajo tu almohada y otra bajo la de tu amante

Liguero encantado

UTENSILIOS Plato o espejo plano | tu liguero **INGREDIENTES** 8 flores de jazmín | 8 rosas (o pétalos) de color rosa | 8 hojas de frambueso

Antes del día de la boda, hechiza tu liguero (o el de tu pareja) para que lleve amor eterno, pasión y compasión a la relación.

Purifica el plato o espejo, el liguero y los ingredientes (pp. 26-27). Siéntate unos minutos en postura meditativa con la prenda en las manos, visualizando cómo la energía del universo y la tierra fluye hacia ella a través de ti. Luego coloca el liguero sobre el plato o espejo y reparte alrededor las flores de jazmín, las rosas y las hojas de frambueso, poniéndolas una a una y alternándolas. El 8 simboliza el infinito, pero puedes utilizar otro número que tenga un significado especial para ti. Si necesitas cambiar las flores, consulta las corresponden-cias en pp. 182-185. Recita estas palabras:

Que este liguero consagrado al amor y la felicidad me colme/colme a mi pareja de cariño al llevarlo y convierta nuestro día en un momento mágico lleno de afecto y devoción. Que así sea.

Deja el liguero en el círculo de flores toda la noche, o varias horas al menos, para que se impregne de sus energías. Al ponértelo, visualiza la energía fluyendo hacia ti. Tras la boda, enmarca el liguero o incorpóralo a un hechizo o proyecto creativo mágico.

MEJOR MOMENTO Viernes, luna menguante o llena

Ritual del lazo

UTENSILIOS Cordón grueso o cinta

La expresión «echar el lazo» hace referencia a una ceremonia pagana de unión de manos, similar a una boda en la naturaleza. Puedes realizar este hechizo antes de la boda en sí, o en un entorno ajeno a la ceremonia, para prometeros el uno al otro.

Purificad el cordón o la cinta (p. 27) y sentaos juntos en un lugar especial para ambos. Tomaos de la mano y recitad:

Juntamos las manos como símbolo de unión y promesa de amor eterno y respeto. Para darnos fuerza, paz, confianza, cariño y consuelo. Igual que enlazamos nuestras manos, enlazamos nuestras vidas.

A continuación, coged el cordón con la mano libre y rodead con él las que tenéis unidas, sin apretar demasiado. Intercambiad los votos que hayáis escrito el uno para el otro y atad ambos extremos del cordón por debajo de las muñecas, asegurándoos de que quede lo bastante suelto para sacar las manos después. Dedicad un instante a sentir vuestras manos enlazadas y, si queréis, besaos para finalizar la ceremonia. Recitad:

Esta unión queda bendecida y protegida por los dioses/espíritus para que caminemos juntos hasta que la muerte nos separe y volvamos a reunirnos en espíritu. Que así sea.

Sacad las manos del cordón, dejando el nudo atado. Si vais a celebrar una unión de manos posterior, podéis reutilizar el cordón bendiciéndolo y deshaciendo el nudo, pero estableciendo que con ello no rompéis el hechizo, sino que lo reforzáis.

—————————

MEJOR MOMENTO Viernes, luna llena

Pintalabios encantado

UTENSILIOS Bandeja | cuenco pequeño o vaso | pintalabios rojo o rosa (o bálsamo labial, si lo prefieres) | vela roja o rosa | mechero o cerillas **INGREDIENTES** 120 ml de agua | 1 cucharadita de sirope de arce | 1 cucharadita de azúcar | 1 melocotón en rodajas

Hechiza un pintalabios o bálsamo labial con la magia del glamur para conseguir amor, belleza y atractivo —perfecto para una cita o cualquier momento en el que desees realzar tu encanto—.

Lo primero es purificar los utensilios e ingredientes. Para ello frótate las manos hasta que notes calor, sitúalas encima de los materiales y recita:

*Estos materiales quedan purificados
y bendecidos.*

Coloca el vaso o cuenco en el centro de la bandeja y vierte en ella un poco de agua. Añade el sirope y el azúcar al agua y, con un dedo de tu mano dominante o una cuchara, mezcla todo en el sentido de las agujas del reloj. Luego reparte las rodajas de melocotón alrededor del cuenco o vaso. Enciende la vela y toma el pintalabios con ambas manos. Eleva tu energía mediante la visualización o un mantra y dirígela al pintalabios. Recita el conjuro:

Hechizo este pintalabios/bálsamo labial con belleza divina para que realce mis rasgos y destaque mi atractivo. Que así sea.

Pon el pintalabios o bálsamo labial en el cuenco o vaso y visualiza un flujo de energía que parte de los ingredientes del plato, envuelve la barra de labios y entra en ella, aportándole sus propiedades. Repite el conjuro y, cuando sientas que el pintalabios está completamente cargado, sácalo y desecha la mezcla de sirope de arce, azúcar y fruta, o úsala para algún plato. Activa el hechizo aplicándote el pintalabios o bálsamo labial.

MEJOR MOMENTO Lunes, viernes, luna creciente
DATO Con los hechizos de glamur no se consigue un cambio físico, sino una ilusión cuyo objetivo es concederte una imagen determinada

Poción de amor

UTENSILIOS Cacerola | cuenco | cuchara de madera | vaso | rotulador
INGREDIENTES 1 litro de agua | 1 limón fresco en rodajas | 1 puñado de té de hibisco | 1 puñado de fresas en láminas | una pizca de lavanda seca | 100 g de azúcar

Esta poción de amor es un hechizo de glamur que te cubrirá de atractivo. La belleza está dentro de nosotros, pero sentirla puede implicar un largo viaje; esta poción te ayudará a ello.

Echa en la cacerola el agua, el limón, el té de hibisco, las fresas y la lavanda, y calienta la mezcla hasta que hierva. Baja la temperatura, añade el azúcar y déjalo cocer cinco minutos. Remueve en el sentido de las agujas del reloj para atraer y recita este conjuro:

Preparo esta poción de amor
para sentirme por dentro
y por fuera encantador.
Que al removerla se cargue
de atractivo y belleza.
Que así sea.

A continuación, coloca el vaso boca abajo y, con el rotulador, dibuja en la base un sigilo de amor y belleza (p. 22) creado por ti. Mientras sirves la poción, caliente a modo de infusión o con hielo a modo de bebida refrescante, visualiza cómo crece en su interior una luz intensa.

MEJOR MOMENTO Viernes, luna menguante o llena
NOTA Si estás embarazada estás dando el pecho, consulta antes de tomar infusiones herbales

Hechizo para atraer a tu pareja ideal

UTENSILIOS Papel | bolígrafo (preferiblemente rojo) | caldero | mechero o cerillas | tu pintalabios o bálsamo labial favorito **INGREDIENTES** 1 cucharadita de pétalos o capullos de rosa secos de color rojo o rosa | 1/2 cucharadita de canela | 1 hoja de laurel

Este hechizo sencillo pero poderoso te ayudará a atraer a tu pareja ideal. Es importante ser muy específico al realizarlo, ¡ya que podrías acabar con lo contrario de lo que buscas! Que no te preocupe tener unas expectativas «demasiado altas» o ser «demasiado exigente»; mereces una pareja que te haga feliz de verdad.

Para este hechizo conviene trazar un círculo de protección. Purifica tu cuerpo, tu espacio, los utensilios y los ingredientes, ánclate a la tierra y céntrate (pp. 26-27). Escribe en un papel las características que buscas en una pareja. Haz una descripción detallada y, mientras lo haces, trata de visualizarla —para que tu imagen mental cobre vida—. Cuando completes la lista, dobla el papel tres veces hacia ti, girándolo en el sentido de las agujas del reloj para que la energía que estás creando revierta en tu persona.

Aplícate el pintalabios o bálsamo labial, besa el papel doblado y colócalo en el caldero. Añade las flores secas, la canela y la hoja de laurel y quémalo todo. Mientras las llamas lanzan tus deseos al viento y al mundo, visualiza la felicidad y el amor que experimentarás en esa relación. Recita:

Que el fuego libere mis deseos
para traerme un amor divino.
Que así sea.

Luego abre el círculo, recoge las cenizas y ve a un entorno natural. Colócate en dirección al punto cardinal del fuego (p. 182) y lanza las cenizas al viento. Recita:

Que el viento libere mis deseos
para traerme un amor divino.
Que así sea.

MEJOR MOMENTO Luna creciente, viernes próximos al equinoccio de primavera (aunque puede realizarse en cualquier época del año)

Adivinar si es la persona adecuada

UTENSILIOS Herramienta de grabado | vela roja o rosa | recipiente o plato resistente al fuego | mechero o cerillas **INGREDIENTES** 1 rosa fresca

Este hechizo es una adaptación de la costumbre popular de arrancar los pétalos de una flor mientras se canturrea: «Me quiere, no me quiere». Puede ayudarte a determinar si la persona de la que te has enamorado es la adecuada para ti.

Toma la vela, grábale el nombre de esa persona especial y pégala al plato o recipiente. Forma un corazón de pétalos de rosa alrededor al tiempo que recitas:

¿Es el/la adecuado/a para mí, o no?

Enciende la vela y concéntrate en la llama. Intenta identificar cualquier símbolo o forma. Si la llama se apaga sola, es un «no» claro. Si la llama se mantiene estable y alta, la respuesta es «sí». Si la llama oscila o lucha por seguir encendida, puede ser indicio de posibles problemas en la relación. Cuando la vela se haya consumido, busca formas en la cera que puedan darte una respuesta.

—————————

MEJOR MOMENTO Lunes, luna nueva

Collar encantado

UTENSILIOS Collar

Este hechizo está inspirado en un cuento popular sobre un colgante mágico. Ponte el collar cuando quieras aumentar tu poder de seducción, en citas, o cuando busques un encuentro romántico.

En primer lugar, frótate las manos hasta que notes calor y hormigueo. Luego coloca el collar entre tus palmas, como si estuvieras rezando. Empieza a elevar tu energía concentrándote en la respiración y los latidos del corazón; también puedes entonar un mantra o flexionar los de-

dos de las manos. Siente cómo el collar se calienta con tu energía y recita:

Bendigo y consagro este collar para que atraiga el romance y me conceda poder de seducción y atractivo. Que así sea.

Para activar el hechizo, solo tienes que ponerte el collar.

—————————

MEJOR MOMENTO Luna nueva o llena

Vela para atraer un amante

UTENSILIOS Mortero | plato resistente al fuego | vela roja o rosa (puede ser una vela con forma humana) | mechero o cerillas | cuchara | toallitas húmedas (este hechizo es pegajoso) **INGREDIENTES** 1 cucharadita de café | 1 cucharadita de pétalos de rosa roja secos | 1 cucharadita de madreselva seca | sirope de arce (suficiente para cubrir la vela)

La intención de este hechizo es atraer una relación romántica a tu vida. Aunque se puede personalizar para dirigirlo a una persona concreta, ten en cuenta las posibles consecuencias.

En primer lugar, traza un círculo, ánclate a la tierra y céntrate, y purifica el altar y los materiales (pp. 26-27). Moviendo la mano del mortero en sentido horario, machaca el café, los pétalos de rosa y la madreselva hasta obtener un polvo fino. Luego coloca el plato en el altar. Toma la vela y, con el sirope de arce, dibuja en ella una espiral descendente. Usa la cuchara para espolvorear encima las hierbas molidas —deberían pegarse con facilidad al siro-

pe—. Ahora coloca la vela en el plato y límpiate las manos. Enciende la vela y recita:

Al encender esta vela, me abro al amor romántico, saludable, divino, cargado de apoyo y felicidad. Que su luz sirva de faro a la persona adecuada para que nos encontremos sin tardar. Que así sea.

Mientras se consume la vela, visualiza cómo llega a tu vida esa relación romántica. Abre el círculo, recoge la cera que quede y entiérrala.

———————

MEJOR MOMENTO Viernes, luna nueva, creciente o llena

Sigilo de amor

INGREDIENTES Aceite de amor romántico (p. 99) o aceite de rosa o coco

Dibuja este sigilo cada mañana en tu piel para que el amor llegue a tu vida. También puedes hacerlo antes de una relación íntima para mejorar la experiencia.

En primer lugar, crea un sigilo de amor (p. 22) con la frase «Atraigo el amor a mi vida», u otra de tu elección. Mientras creas el símbolo, visualiza tu pro-

pósito. Puedes incorporar al sigilo elementos relacionados con el amor, como corazones. Con el aceite, dibuja el sigilo sobre tu piel o la de tu pareja siempre que quieras añadir un toque de romanticismo a tu día a día.

———————

MEJOR MOMENTO Viernes, luna creciente

Baño ritual para corazones rotos

UTENSILIOS Bañera | vela de té negra | vela de té blanca | mechero o cerillas **INGREDIENTES** 270 g de sal (de Epsom o de mesa) | 1 puñado de melisa | 1 cucharadita de canela | 3 rosas blancas | 1 cucharadita de lavanda

Este baño ritual emplea las energías de las hierbas y las flores y las propiedades purificantes del agua —además del simbolismo de vaciar la bañera— para curar y alejar el dolor de un corazón roto.

Llena la bañera y enciende las velas. Añade la sal, la melisa, la canela, las rosas y la lavanda, sin olvidar en ningún momento tu propósito. Sumérgete en el agua y deja que sus energías impregnen tu piel. Visualiza cómo el agua y los distintos ingredientes arrastran el dolor, sanando tu corazón. Deja ir cualquier rastro de tristeza. Aprovecha también para liberar emociones persistentes —si quieres llorar o gritar, hazlo—. El agua te purificará, se llevará el dolor y lo hará desaparecer. Permanece un rato sentado y concéntrate en tu respiración y en los latidos de tu corazón. Puedes recitar las palabras que desees, o decir lo siguiente:

Que mi pena desaparezca, que mi corazón cure su dolor, que el agua arrastre lo que me ha provocado tanta desazón. Que así sea.

Utiliza los ingredientes del baño como esponja, frotándote el cuerpo suavemente con ellos para que absorban la pena.

Cuando el agua se enfríe, sal de la bañera y vacíala, visualizando cómo todo el sufrimiento desaparece para ser neutralizado por la naturaleza.

Recoge las hierbas, lávalas para que no quede nada de sal en ellas y lánzalas a un río o al mar, o tíralas a la basura.

MEJOR MOMENTO Luna menguante

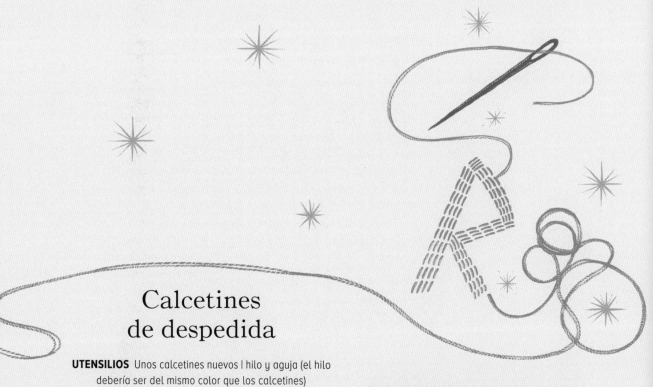

Calcetines de despedida

UTENSILIOS Unos calcetines nuevos | hilo y aguja (el hilo debería ser del mismo color que los calcetines)

Este hechizo se basa en la superstición letona de que regalar calcetines a la pareja es como invitarla a dejarte, pues al ponérselos podrá marcharse. Puedes utilizarlo cuando quieras romper con tu pareja pero no sepas cómo, e incluso puede empujar a la otra persona a iniciar la ruptura. No es necesario que tu pareja se ponga los calcetines —el simple acto de regalárselos tiene suficiente simbolismo—.

En primer lugar, traza un círculo, ánclate a la tierra y céntrate, y purifica el altar y los utensilios (pp. 26-27). Toma los calcetines y decide dónde bordarles una pequeña runa o un sigilo que hayas creado tú. Enhebra la aguja y borda el sigilo (p. 22) o la runa Raido, asociada a los finales y viajes (p. 21). Asegúrate de hacer la runa o el sigilo tan pequeño y discreto como puedas, para que pase desapercibido. Mientras coses, recita:

Corto los lazos entre nuestros corazones para separarnos y tomar distintas direcciones. De este modo marco el fin de nuestras relaciones. Que así sea.

Cuando hayas bordado ambos calcetines, sostenlos en las manos, concéntrate en tu intención e imprégnalos con esa energía. Imagina con detalle la marcha de tu pareja, quizás siendo ella la que inicie la ruptura. Ten presente todo lo que vas a sentir y cómo te gustaría que acabara la relación. Añadir ira o emociones más dañinas puede requerir una protección adicional (pp. 40-45).

Para finalizar el hechizo, ánclate a la tierra y céntrate y abre el círculo. Los calcetines están listos para regalárselos a tu pareja.

MEJOR MOMENTO Sábado

Ritual para olvidar a un ex

UTENSILIOS Vela negra pequeña | mechero o cerillas | fotografía de tu ex | bolígrafo | caldero | caja | todos los regalos de tu ex **INGREDIENTES** Una pizca de sal

Este ritual ayuda a olvidar a una antigua pareja y, si es necesario, puede realizarse varias veces.

En primer lugar, traza un círculo, ánclate a la tierra y céntrate, y purifica el altar y los materiales (pp. 26-27). Enciende la vela y escribe en la fotografía el siguiente conjuro:

Te agradezco tus valiosas enseñanzas y te alejo de mi vida para siempre. Que así sea.

Prende la fotografía con la llama de la vela y déjala en el caldero para no quemarte. Espolvorea encima la sal —para apartar a esa persona de ti— y contempla cómo se quema la fotografía. Apaga la vela de un soplido, con intención. Por último, tira la vela y las cenizas a la basura y abre el círculo.

La mañana posterior al hechizo recopila en una caja todos los regalos de tu ex, o todo lo que te recuerde a esa persona, y purifica cada objeto (p. 27). Dona la caja a la caridad o tira lo que no pueda donarse.

MEJOR MOMENTO Luna menguante, medianoche

Hechizo de ruptura

UTENSILIOS 2 velas negras (normales o con forma humana para representaros a ti y a tu (ex)pareja) | aguja, espina o palillo | cordel (de color natural o negro) | plato resistente al fuego | mechero o cerillas | tijera (opcional)

Hay ocasiones en las que una relación termina, pero los lazos emocionales permanecen. Puede que uno de los miembros de la pareja no esté preparado para alejarse y sea necesario poner fin a la situación.

En primer lugar, traza un círculo, ánclate a la tierra y céntrate, y purifica el altar y los utensilios (pp. 26-27). Graba tu nombre en una vela y el de tu (ex)pareja en la otra. Toma un extremo del cordel y anúdalo a la parte central de una de las velas. Haz lo mismo con el otro extremo y la otra vela para que ambas queden unidas por el cordel. Calienta ligeramente la base de las velas para fijarlas al plato con

facilidad. Ahora enciéndelas y contempla cómo arden. Las llamas deberían quemar finalmente el cordel.

Mientras observas cómo se consumen, fíjate en cuál arde más rápida o lentamente y busca semejanzas con lo que estás viviendo: qué parte de la pareja no parece dispuesta a alejarse, qué llama arde mejor o peor, lo que indica emociones fuertes o débiles en la relación.

La rapidez o lentitud con la que ardan la vela y el cordel puede indicar también cuánto tiempo será necesario para romper los últimos lazos. Deja que las velas se consuman y que el cordel se queme por completo. Pero si los lazos son muy persistentes, utiliza la tijera para cortar el cordel. Luego recita el conjuro:

Los lazos se han cortado, la ruptura es completa, avancemos por caminos separados. Que así sea.

Visualiza el final de la relación, con la certidumbre de que cualquier lazo que pudiera quedar entre ambos ha desaparecido. Abre el círculo y tira a la basura la cera que quede.

___

MEJOR MOMENTO Luna menguante

AMISTAD *y* FAMILIA

La magia puede ayudarnos en cualquier aspecto de la vida, sea llevando paz a nuestra casa, sanando relaciones o atrayendo nuevas amistades. El hogar y las relaciones personales son asuntos a menudo ignorados en hechicería, aunque tengan gran importancia.

Muffins de miel para la armonía

UTENSILIOS Bandeja para *muffins* | moldes de papel | 2 cuencos grandes | cuchara de madera **INGREDIENTES** 100 g de mantequilla | 3 cucharadas de miel | 200 g de azúcar | 2 huevos | 1 cucharadita de extracto de vainilla | 160 ml de leche de lavanda (ver consejo) | 120 ml de zumo de limón | 270 g de harina de trigo sin levadura | 2 cucharaditas de levadura en polvo | 1/2 cucharadita de sal | azúcar glas para decorar

La miel, la lavanda y el limón son tres ingredientes mágicos que levantan el ánimo y llevan armonía y felicidad a la mesa.

Precalienta el horno a 180 °C (160 °C con ventilador) y coloca los moldes de papel en la bandeja para *muffins*. Dibuja sigilos de armonía (p. 22) en la base de los moldes para aumentar su poder. Pon en un cuenco la mantequilla, la miel y el azúcar y bate hasta obtener una crema. Luego añade los huevos, la vainilla, la leche de lavanda y el zumo de limón. En el otro cuenco tamiza la harina, la levadura y la sal. Incorpora esta mezcla poco a poco a los ingredientes húmedos. Mientras remueves, establece tus intenciones y recita:

Incorporo la magia a esta mezcla para que la armonía y la felicidad lleguen a mi hogar. Que así sea.

Reparte la masa en los moldes y hornea 30 minutos, o hasta que al insertar un palillo salga limpio. Espolvorea con azúcar glas.

MEJOR MOMENTO Sábado, luna llena
CONSEJO Para elaborar leche de lavanda, calienta la leche con un puñado de lavanda fresca. No tiene que hervir, solo calentarse. Retira del fuego, deja reposar 1 hora (o toda la noche en el frigorífico para que tenga más sabor a lavanda) y cuela para retirar las flores

Friegasuelos para un hogar feliz

UTENSILIOS Cuchillo | cubo | fregona **INGREDIENTES** 1 limón fresco | 3 gotas de aceite esencial de vainilla | 3 gotas de aceite esencial de jacinto | 1 litro de agua

Este friegasuelos te permitirá purificar tu hogar de manera sencilla, aportándole armonía y la luminosidad del sol.

En primer lugar, corta el limón en rodajas finas. Echa el limón y los aceites esenciales en el cubo y añade el agua. Deja reposar los ingredientes 10 minutos y luego friega el suelo como tengas por costumbre. A cada pasada de la fregona, visualiza cómo cualquier energía negativa es arrastrada y sustituida por un resplandor en tonos melocotón que levanta el ánimo y aporta felicidad a la casa. Recita el conjuro:

Arrastro las energías negativas y estancadas y las sustituyo por felicidad y dicha. Que así sea.

MEJOR MOMENTO Viernes o luna creciente

Ritual para crear un jardín familiar

UTENSILIOS Una maceta por cada miembro de la familia | tierra | semillas (lechugas, patatas y cactus son fáciles de cuidar) | pala | rotulador **INGREDIENTES** Agua de luna llena (consejo p. 34)

La intención de este ritual es proteger y aportar felicidad y fortuna a tu familia.

En primer lugar, purifica los materiales. Para ello frótate las manos hasta que notes calor, colócalas sobre los utensilios e ingredientes y recita:

*Estos materiales quedan
purificados y bendecidos.*

Toma las macetas, que representan a los distintos miembros de la familia, y planta unas semillas en cada una. Escribe en cada maceta el nombre de la persona a la que está asociada. Es muy recomendable hablar a las semillas para transmitirles tu energía. Riégalas con un poco de agua de luna llena y recita este conjuro:

*Siembro estas semillas con la sana
intención de atraer amor, felicidad,
protección y paz, y pido que crezcan
fuertes. Que así sea.*

Estas plantas van a ser las guardianas de los miembros de tu familia —el nombre liga cada maceta a una persona—, así que cuídalas bien. Vigila la evolución de cada planta y si de repente notas algo extraño en alguna, interésate por cómo se encuentra ese familiar. Riégalas regularmente con agua de luna llena, y también puedes colocar cristales protectores (pp. 180-181) a su alrededor.

MEJOR MOMENTO Luna llena

Tarta para un hogar en paz

UTENSILIOS Rodillo | molde | palillo | cuenco **INGREDIENTES** 450 g de masa quebrada (recién sacada del frigorífico) | 950 g de arándanos (frescos o congelados) | 5 cucharadas de harina de maíz | 200 g de azúcar | 1 cucharadita de sal | 1 cucharadita de canela | 1 cucharadita de extracto de vainilla | 1 cucharadita de zumo de limón | 1 huevo

La combinación de magia culinaria y sigilos de esta receta te permitirá atraer paz a tu hogar mediante un sigilo dibujado en una tarta. Este hechizo resulta especialmente adecuado para tranquilizar el ambiente después de una riña o cuando hay emociones negativas en la casa.

Precalienta el horno a 190 °C (170 °C con ventilador). Desenrolla la masa fría y divídela en dos partes. Estira una de las mitades para cubrir la base del molde y, con el palillo, dibuja en ella tu sigilo de paz (p. 22) o la runa Wunjo (p. 21). Echa en el cuenco los arándanos, la harina de maíz, el azúcar, la sal, la canela, el extracto de vainilla y el zumo de limón. Mezcla suavemente y en el sentido de las agujas del reloj para atraer la paz, y recita este conjuro:

Mezclo las energías de estos ingredientes para que la paz a mi hogar traigan y del estómago al corazón la lleven. Que así sea.

Vuelca el relleno sobre la base de la tarta y cúbrelo con la otra mitad de la masa estirada. Puedes decorar la parte superior, añadirle más sigilos o hacerle simplemente unos agujeritos con un tenedor. Bate el huevo, pinta la tarta con él y hornéala una hora. ¡Deja que enfríe y a disfrutar!

MEJOR MOMENTO Sábado, luna llena

Tarro de hechizo para un salón agradable

UTENSILIOS Frasco de cristal pequeño | incienso | embudo | bolígrafo o lápiz | vela blanca (o silicona caliente blanca) | mechero o cerillas
INGREDIENTES 1/2 cucharadita de lavanda | 1/2 cucharadita de verbena | 1/2 cucharadita de pétalos de girasol secos | 1/2 cucharadita de artemisa | pedacitos de cuarzo transparente

Los tarros de hechizo atraen energías, así que son el tipo de conjuro perfecto para llenar tu salón de positividad. Este tarro fomenta la paz y la felicidad y ofrece protección.

En primer lugar, purifica el frasco de cristal con incienso. Pon dentro la lavanda, la verbena, los pétalos de girasol, la artemisa y los pedacitos de cuarzo. Acto seguido, recita esta sencilla afirmación dentro del recipiente:

Atrae paz y felicidad a esta estancia, llénala de amor y consuelo, conviértela en un lugar seguro y protegido. Que así sea.

Cierra el frasco y sella la tapa con gotas de cera o silicona caliente. Coloca el tarro de hechizo en una zona del salón o el espacio común que necesite un extra de energía positiva.

MEJOR MOMENTO Sábado, luna creciente o llena

Tu mascota en un talismán

UTENSILIOS Incienso | bolsita, medallón o botellita con cadena **INGREDIENTES** Vínculo mágico (algo pequeño que te recuerde a tu mascota, como pelo, una fotografía...)

Cuando tu querida mascota muere, este talismán te permite conectar con su esencia, mantener su energía cerca y pedir a su espíritu que te ayude y proteja desde más allá del velo.

En primer lugar, traza un círculo, ánclate a la tierra y céntrate, y purifica el altar y los materiales (pp. 26-27). Luego enciende el incienso y recita:

Querida mascota, te invito a crear conmigo un bendito talismán que te mantenga a mi lado. Aporta tu esencia a este recuerdo para llevarte cerca del corazón, para protegerme, guiarme y ofrecerme consuelo como siempre hiciste. Que así sea.

Ahora toma la bolsita, el medallón o la botellita, coloca en su interior el vínculo mágico y cierra el recipiente. Sostén el talismán en ambas manos y visualiza a tu mascota junto a ti mientras lo bendices y consagras. Por último, da las gracias, besa el talismán y abre el círculo.

——————

MEJOR MOMENTO Al anochecer, luna nueva

Hechizo para la cama de tu mascota

UTENSILIOS Papel | bolígrafo

Tan importante es proteger y bendecir tu cama como la de tu mascota.

Siéntate junto al lugar que deseas bendecir, ánclate a la tierra y céntrate (p. 27). Enfoca tu atención en activar energías de bendición y protección. Dibuja en el papel tu sigilo protector (p. 22) y escribe al lado el nombre de tu(s) mascota(s). Coloca las manos sobre el papel, eleva tu energía y visualiza cómo el sigilo se disuelve y activa. Recita estas palabras:

Que mi(s) mascota(s) quede(n) bendecida(s) y protegida(s) y que este lugar le(s) resulte seguro y cómodo. Que así sea.

Esconde el papel cerca de la cama de tu mascota, en un lugar donde no pueda alcanzarlo y comérselo.

——————

MEJOR MOMENTO Lunes, sábado, domingo, luna nueva o llena

Ritual para conectar con los antepasados

UTENSILIOS Mesa, estantería o caja para usar como altar | fotografías, joyas o cualquier cosa que perteneciera a tu antepasado | vaso de agua (o una bebida o comida que sepas que le gustara) | cualquier otro elemento que te parezca adecuado | bolígrafo | papel | vela votiva blanca o negra | mechero o cerillas | caldero

Lo primero que debes hacer para este ritual es crear un altar dedicado a tus antepasados, que será el lugar especial para conectar con ellos.

Purifica el nuevo espacio y organiza el altar del mismo modo que uno convencional (pp. 20-23). Empieza el ritual trazando un círculo, anclándote a la tierra y centrándote (pp. 26-27), e invitando a tus ancestros a la ceremonia. Luego toma el papel y el bolígrafo y escribe una carta, ya sea presentándote o saludando a los antepasados como harías con un viejo amigo. Manifiesta tu propósito —contactar y crear una relación— y háblales de ti, o describe los momentos que no pudieron compartir contigo. Luego dobla el papel, enciende la vela y quema la carta para lanzar el mensaje al aire. Recita:

Que este mensaje os llegue rápido y seguro. Que así sea.

Da las gracias a los espíritus, despídete de ellos y abre el círculo. A partir de este momento, busca señales, como animales o insectos que nunca hayas visto en tu zona u olores inesperados sin origen aparente. Otro paso que puedes dar es pedir mensajes de los ancestros mediante las cartas del tarot u otra herramienta adivinatoria (toma nota de todo ello en tu diario).

MEJOR MOMENTO Al amanecer o al anochecer, luna nueva

Ritual de despedida

UTENSILIOS Cuenco | arena o tierra | cuchillo | 1 granada | bolígrafo | papel o fotografía de la persona o mascota fallecida | hilo rojo o negro | vela negra | mechero o cerillas

Este ritual es para despedirte de un ser querido que haya fallecido. En él se utiliza una granada, símbolo de la diosa griega Perséfone.

En primer lugar, traza un círculo, ánclate a la tierra y céntrate, y purifica los utensilios (pp. 26-27). Pon la tierra o arena en el cuenco y, con un dedo, dibuja un pentáculo de protección en ella. Luego corta la granada por la mitad, pero dejando una pequeña parte de la cáscara unida. Escribe en el papel o la fotografía la despedida que prefieras, o estas palabras:

Adiós, querido [nombre], espero que pases al otro lado con facilidad. Recuerda que te quiero y pienso en ti. Descansa en paz y que tu alma encuentre sosiego. Que así sea.

Coloca el papel o la fotografía dentro de la granada y ciérrala. Rodea la fruta con el hilo y átalo bien. Luego enciende la vela y sella el corte con gotas de cera. Coloca la granada en la arena o la tierra y despídete.

Siéntate en postura meditativa y permanece atento a las señales que puedas recibir de tu ser querido, como imágenes mentales, olores, sonidos o una simple sensación de presencia. Si lo necesitas, aprovecha este momento para dar rienda suelta a tus emociones. Cuando hayas terminado la despedida, ánclate a la tierra y céntrate de nuevo.

Por último, abre el círculo. Conserva la granada tres días y luego entiérrala o tírala de forma respetuosa a la basura.

MEJOR MOMENTO Sábado, luna menguante

Descubrir la verdad

UTENSILIOS Vela de té blanca | mechero o cerillas | cuenco con agua fría

Hay ocasiones en las que nos preguntamos por la verdadera causa de una discusión o una situación tensa, y sentimos la necesidad de descubrirla. Este hechizo es perfecto para eso.

En primer lugar, traza un círculo, ánclate a la tierra y céntrate y purifica los utensilios (pp. 26-27). Enciende la vela de té, siéntate en postura meditativa y concéntrate en la situación que te gustaría desentrañar y ver con claridad. Cuando la cera se haya derretido, toma el cuenco con agua, sostén la vela por encima de la superficie y vierte la cera dentro al tiempo que recitas:

Agua y fuego, apartad la duda y la niebla, dejadme ver la verdad, dejadme verla con claridad y sinceridad. Que así sea.

Observa la cera dentro del agua y busca formas o símbolos que puedan ayudarte a comprender la situación. Una buena manera de identificar los símbolos es consultar un libro de sueños —aunque la mejor guía es la intuición—.

MEJOR MOMENTO Luna nueva o llena

Meditación para fomentar la paciencia

UTENSILIOS Cuarzo transparente

Este sencillo ritual ayuda a cultivar la paciencia.

Toma el cuarzo entre las manos y cierra los ojos. Ánclate a la tierra y céntrate (p. 27). Visualiza cómo la energía fluye entre tu cuerpo y el cristal, calmándote. Recita estas palabras:

Cuarzo transparente, concédeme paciencia y fortaleza. Que así sea.

MEJOR MOMENTO Cuando lo necesites

Hechizo para resolver un enfrenta-miento

Este hechizo ayuda a resolver conflictos y a hacer las paces. Por supuesto, seguirá siendo necesaria cierta interacción personal, pero el hechizo permitirá crear las condiciones necesarias para recuperar la armonía.

En primer lugar, traza un círculo, ánclate a la tierra y céntrate, y purifica los materiales (pp. 26-27). Coloca las velas en el plato dejando una separación entre ellas de al menos 10 cm. Dibuja con el aceite de oliva un gran círculo que incluya ambas velas y espolvorea la lavanda y la sal dentro de ese círculo. Enciende las velas y recita:

Que la distancia que nos separa desaparezca, que regrese la paz y la armonía a nuestra relación.
Que así sea.

Acerca lentamente las velas entre sí y cuando notes cierta resistencia energética, deja de moverlas. Siéntate en postura meditativa y concéntrate en tu deseo de armonía. Tan pronto como sientas que la energía se relaja, junta un poco más las velas y detente al volver a encontrar resistencia. Repite el proceso hasta que las velas estén una al lado de la otra. Recita otra vez el conjuro y espera a que las velas se consuman. Por último, abre el círculo.

MEJOR MOMENTO Miércoles, luna nueva o creciente

Mejor comunicación

UTENSILIOS Mortero | frasco pequeño | embudo | pastilla de carbón para quemar incienso | mechero o cerillas | caldero **INGREDIENTES** 1 cucharadita de hojas de zarza secas | 1 cucharadita de manzanilla seca | 1 cucharadita de margaritas secas | 1 cucharadita de caléndula seca | 1 cucharadita de lavanda seca

Este hechizo te ayudará a recuperar la comunicación, y a largo plazo mejorar el entendimiento, con alguien de tu familia, tu casa o tu círculo de amigos.

En primer lugar, purifica los materiales. Para ello frótate las manos hasta que notes calor, colócalas sobre los utensilios e ingredientes y recita:

Estos materiales quedan purificados
y bendecidos.

Echa en el mortero las hojas de zarza, la manzanilla, las margaritas, la caléndula y la lavanda y machácalo todo bien. Pasa las hierbas al frasco con ayuda del embudo y recita:

Os bendigo e impregno con el propósito
de la comunicación; ayudadme a abrir
puertas, a crear un ambiente tranquilo, a
escuchar y a eliminar los juicios. Que así sea.

Coloca el carbón encendido en el caldero y espolvorea encima parte de la mezcla de hierbas para que suelte humo. El fuego acabará con los bloqueos y la comunicación viajará a través del humo y el aire.

MEJOR MOMENTO Miércoles, luna creciente

Contacta conmigo

INGREDIENTES 1 hoja de arce

Este hechizo te ayudará a abrir la puerta a esa persona con la que deseas volver a hablar —especialmente después de una discusión o tras perder el contacto—. Es importante combinar el hechizo con un esfuerzo real para recuperar la comunicación.

Da un paseo por un entorno natural, pensando en la persona con la que quieres contactar. Concéntrate en tu propósito mientras buscas una hoja de arce. Toma la hoja, visualiza una puerta e imagínate abriéndola. Tras ella está la persona con quien quieres comunicarte. Abre la puerta y salúdala con alegría. Abre los ojos y lanza la hoja al viento.

MEJOR MOMENTO Luna creciente

Introspección frente a un espejo

UTENSILIOS Espejo | vela de té | mechero o cerillas | cuenco pequeño
INGREDIENTES 3 gotas de vinagre | una pizca de sal

Hay ocasiones en las que deberíamos reflexionar sobre nuestros actos y analizar si hemos dicho o hecho algo que necesite una disculpa.

En primer lugar, traza un círculo, ánclate a la tierra y céntrate, y purifica los materiales (pp. 26-27). Coloca el espejo en el altar de modo que veas tu reflejo y enciende la vela junto a él. Echa el vinagre y la sal en el cuenco y remueve con un dedo en el sentido de las agujas del reloj para llamar a la introspección. Con la mezcla de vinagre y sal, dibuja la runa Isa en combinación con Eihwaz —como Isa está formada por una única línea, trázala en primer lugar, pronunciando su nombre en alto, y luego dibuja encima Eihwaz, nombrándola también (p. 21)—.

Acto seguido, concéntrate en tu propósito de introspección mientras te observas en el espejo. Este es el momento de revivir la situación sobre la que estás reflexionando, y de sopesar y analizar los sentimientos que te asaltan. Cuando te sientas preparado, apaga la vela de un soplido para que tu energía se combine con la del humo y ascienda al universo. Por último, abre el círculo.

MEJOR MOMENTO Lunes, viernes, luna nueva

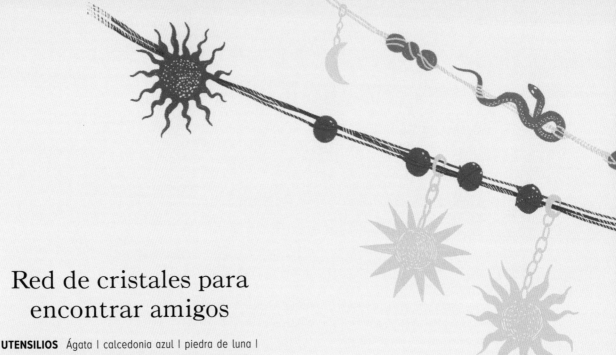

Red de cristales para encontrar amigos

UTENSILIOS Ágata | calcedonia azul | piedra de luna | cuarzo transparente | rodocrosita | cuarzo rosa (o cristales pulidos o en trocitos asociados a la amistad, consulta las correspondencias en pp. 180-181) | cualquier otro elemento de tu elección

Si estás buscando nuevas amistades, crea esta red de cristales para atraer situaciones en las que poder conocer gente y establecer vínculos. Por supuesto, ningún hechizo hará amigos por ti —eso sigue siendo responsabilidad tuya—.

En primer lugar, purifica los cristales (p. 27). Exponer los cristales demasiado tiempo a la luz directa del sol puede dañarlos, así que elige un lugar donde puedas tener la red al menos una semana, como una bandeja especial en el alféizar de una ventana o una estantería. Empieza la red con tres cristales en forma de triángulo con un vértice hacia arriba —esta forma suele utilizarse como «trampa espiritual», pero en este caso es una ventana para que entre la amistad—. Puedes añadir más cristales para ampliar el triángulo e incluir otros elementos, como flores secas o conchas. También puedes emplear cordeles, imágenes o cualquier objeto que represente las características

que buscas en un amigo. Simplemente sé creativo y déjate guiar por la intuición. Explica con tus propias palabras lo que esperas de esa amistad, o recita lo siguiente:

> *Busco un amigo verdadero para compartir aventuras y momentos felices, para demostrarnos fidelidad y confianza y, si es necesario, para consolarnos y animarnos. Que así sea.*

A continuación, siéntate en postura meditativa y visualiza a ese amigo, cómo le conociste, cómo empezó vuestra amistad, y las vivencias que podríais compartir. Intenta sentir cómo serán esas experiencias futuras. Puedes repetir esta meditación tan a menudo como quieras, o hasta que hayas encontrado a ese nuevo amigo.

MEJOR MOMENTO Domingo, luna creciente

Pulsera de la amistad

UTENSILIOS 3 hilos de la longitud de tu brazo por cada amigo (elige los colores de manera intuitiva) | adornos como cascabeles, colgantes, cuentas de cristal o incluso vínculos mágicos (consejo p. 30)

Tejer una pulsera que represente la amistad es una de esas cosas que la gente hace sin saber que se trata de un hechizo. Es una manera intencionada de cargar la pulsera de protección, amor y felicidad.

Siéntate con tu amigo formando un círculo, tomaos de las manos y sentid la energía que circula entre vosotros. Cuando estéis listos, tomad cada uno vuestros hilos e intercambiadlos (si sois más de dos, pasadlos en el sentido de las agujas del reloj). Cada uno tejerá la pulsera del otro. Entrelaza con los hilos las buenas intenciones, la suerte, la felicidad y la protección que deseas para esa persona. Añade los adornos que quieras y luego anuda la pulsera alrededor de la muñeca o el tobillo de tu amigo. Cuando hayáis terminado las pulseras, unid las manos una vez más y recitad:

Unidos quedamos como amigos, en mente y alma, para estar siempre el uno para el otro. Que así sea.

MEJOR MOMENTO Domingo, luna llena

ALEGRÍA *y* SERENIDAD

La gente suele acudir a los hechizos cuando se encuentra en una situación extrema, pero buena parte de la magia está relacionada con cuestiones más mundanas, como crear una rutina de mañana mágica o encontrar paz en un mundo frenético.

Aceite para el equilibrio

UTENSILIOS Frasco con cuentagotas o aplicador de bola | embudo **INGREDIENTES** 10 gotas de aceite esencial de sándalo | 5 gotas de aceite esencial de mirra | 5 gotas de aceite esencial de bergamota | 3 gotas de aceite esencial de lavanda | aceite base (almendras o pepita de uva)

El propósito de este aceite es aportar equilibrio, serenidad, alegría y armonía. Puedes usarlo por sí solo o para ungir velas, y resulta útil en varios tipos de hechizos y rituales.

En primer lugar, purifica los materiales (p. 27). Luego echa los aceites esenciales uno a uno en el frasco al tiempo que recitas:

Que este aceite me aporte armonía
y equilibrio. Que así sea.

Llena el frasco con aceite base y agita para activar las energías de los ingredientes. Ponte una gota en el índice de la mano dominante y frota ese dedo con el pulgar hasta que notes calor. Dibuja un pentáculo de invocación (p. 23) en la palma de la otra mano y siente cómo la energía penetra y fluye a través de ti.

***

MEJOR MOMENTO Al anochecer, luna llena
NOTA Solo para uso tópico

Red de cristales con buenas vibraciones

UTENSILIOS Amatista | calcedonia azul | cuarzo rosa | cuarzo transparente | piedra de luna (o cristales pulidos o en trocitos asociados a la serenidad y la paz, consulta las correspondencias en pp. 180-181) | silicona caliente o pegamento instantáneo | espejo grande con marco

Esta red de cristales crea energía positiva y la distribuye a su alrededor. Puedes realizarla en compañía de otros miembros de la familia, aunque no practiquen rituales.

En primer lugar, purifica los cristales y el espejo (p. 27). Coloca el espejo frente a ti, distribuye los cristales formando un sol y, cuando estés contento con el diseño, pégalos uno a uno. Puedes añadir otros elementos a la red, como flores secas o conchas. Recita las siguientes palabras:

Que esta red aporte energía positiva,
serenidad y paz a la habitación. Que así sea.

Cuelga el espejo donde pueda reflejar las energías positivas de la estancia.

***

MEJOR MOMENTO Viernes, sábado, luna llena

Chocolate caliente encantado

UTENSILIOS Tu taza favorita **INGREDIENTES** Una taza de leche o bebida vegetal | 3-4 cucharaditas de chocolate en polvo | una pizca de canela | un chorrito de agua de luna llena (p. 34) | un bastón de caramelo (u otra golosina) con sabor a menta

El chocolate caliente levanta el ánimo por sí solo, pero puedes preparar una versión encantada añadiéndole un chorrito de agua de luna, una pizca de canela y un poco de menta (un bastón de caramelo u otra golosina de este sabor). Primero remueve tres veces en el sentido de las agujas del reloj y luego dibuja con la cuchara la runa Wunjo (p. 21), asociada a la alegría, el consuelo y el placer, al tiempo que recitas una sencilla afirmación o estas palabras:

Que esta bebida me traiga alegría y felicidad. Que así sea.

Bebe con intención, pensando en momentos que te hayan hecho feliz o en vivencias futuras que te alegrarían. Disfruta del chocolate junto al altar.

MEJOR MOMENTO Cualquiera

Hechizo para tu bebida matutina

UTENSILIOS Tu taza o vaso favorito | cuchara **INGREDIENTES** Té o café

Por las mañanas, cuando te prepares el té o el café, hazlo con propósito para crear un ritual mágico. Remueve la bebida tres veces en el sentido de las agujas del reloj para atraer la energía positiva, y tres veces en sentido contrario para alejar la energía negativa. Visualiza una luz que asciende de la tierra y desciende del cielo y cómo esa energía llega al vaso a través de tus manos. Disfruta de tu bebida junto al altar.

MEJOR MOMENTO Cualquiera, por la mañana

Baño ritual con lavanda

UTENSILIOS Bañera | bolsita de organza | velas de té con aroma a lavanda (tantas como quieras) | mechero o cerillas
INGREDIENTES 1 cucharadita de lavanda seca | 1 cucharadita de manzanilla seca | 1 cucharadita de salvia seca | 3 gotas de aceite esencial de lavanda

Este ritual es perfecto para días en los que apetece un poco de relajación. Resulta muy agradable antes de irse a dormir, ya que calma y favorece el sueño.

Prepárate un buen baño caliente. Mientras se llena la bañera, enciende las velas y repártelas por la estancia. Mete los ingredientes en la bolsita de organza, ciérrala con un nudo y susúrrale lo que tu intuición te sugiera, o el siguiente conjuro:

Apórtame paz y serenidad.
Que así sea.

Cuando esté lista la bañera, métete en ella y sumerge la bolsita en el agua caliente. Deja que los aromas y las propiedades de las hierbas te aporten serenidad. Medita y siente cómo las energías del agua te calman y arrastran cualquier tensión. Para finalizar el ritual, quita el tapón de la bañera y, mientras se vacía, deja que el agua se lleve la ansiedad consigo.

MEJOR MOMENTO Cualquiera, viernes y sábado. En cualquier fase lunar, pero sobre todo en luna llena

Ritual para atraer felicidad

UTENSILIOS Cuenco con arena | vela amarilla | mechero o cerillas | cuenco con agua de sol (consejo p. 49) **INGREDIENTES** 1 limón en rodajas | 1 naranja en rodajas | un puñado de pétalos de girasol

El propósito de este hechizo es atraer alegría, risa, gozo y todo lo que te sugieran los momentos felices.

En primer lugar, traza un círculo, ánclate a la tierra y céntrate, y purifica los materiales (pp. 26-27). Pon el cuenco con arena en el centro del altar y coloca la vela en el centro de la arena. A continuación, reparte las rodajas de limón y naranja alrededor de la vela y, en torno a ellas, forma un círculo con los pétalos de girasol. Enciende la vela y recita:

Alegría y felicidad, dicha y júbilo, venid a mí. Yo os convoco a través de la tierra, el aire, el fuego y el agua. Que así sea.

Sumerge las manos en el cuenco con agua y salpica un poco alrededor de la vela, con cuidado de no apagar la llama. Siéntate en postura meditativa y visualiza una luz dorada que se acerca a ti desde los cuatro puntos cardinales, entra en tu cuerpo y te transmite su calor. Permanece sentado hasta que la vela se haya consumido y luego abre el círculo. Recoge los materiales sobrantes —la arena puedes purificarla para usarla en otro hechizo— y entierra lo que sea biodegradable.

———————————

MEJOR MOMENTO Domingo, luna llena o nueva

Aceite de felicidad

UTENSILIOS Frasco con cuentagotas o aplicador de bola | embudo
INGREDIENTES 5 gotas de aceite esencial de manzana | 3 gotas de aceite esencial de naranja | 3 gotas de aceite esencial de jazmín | aceite base (almendras o pepita de uva) | 3 pétalos de girasol | unos trocitos de citrino

Este aceite estimulante puede aplicarse sobre la piel o incluirse en varios tipos de hechizos y rituales.

En primer lugar, purifica los materiales (p. 27). Luego echa los aceites esenciales uno a uno en el frasco mientras recitas:

Mezclo el poder del sol, la felicidad y la alegría. Que así sea.

Agita el frasco para activar las energías de los ingredientes. Acto seguido, ponte una gota en cada índice, frota ambos dedos con los pulgares y pásatelos suavemente por las sienes, la garganta, el corazón y el ombligo. Visualiza en cada punto un pequeño sol que llena de alegría tu cuerpo y tu campo energético.

_____

MEJOR MOMENTO Viernes, luna llena
NOTA Solo para uso tópico

Laurel para atraer felicidad

UTENSILIOS Bolígrafo | caldero | mechero o cerillas
INGREDIENTES 1 hoja de laurel

La intención de este hechizo es aportar felicidad a tu vida, aunque podrías adaptarlo a cualquier otro deseo.

Escribe en la hoja de laurel la palabra «felicidad», o cualquier sinónimo de dicha, alegría o serenidad. Prende la hoja y colócala en el caldero. Mientras contemplas cómo se quema hasta convertirse en cenizas, visualiza la felicidad que deseas atraer a ti.

_____

MEJOR MOMENTO Luna creciente o llena

Tarro de hechizo para la felicidad

UTENSILIOS Frasco de cristal pequeño | embudo | vela amarilla o naranja (o silicona caliente amarilla o naranja) **INGREDIENTES** 1 hoja de laurel seca y desmenuzada | cáscara de limón seca y en trocitos | cáscara de naranja seca y en trocitos | 1 flor de geranio (o pétalos de girasol o diente de león) | trocitos de cristales asociados a la felicidad (pp. 179-180) | aceite (almendras, oliva u otro aceite vegetal)

Los tarros de hechizo sirven para atraer energías y contenerlas. Disponer de un frasco lleno de felicidad es una bonita manera de llenar tu vida de alegría y dicha.

En primer lugar, purifica el frasco (p. 27). Luego coloca dentro la hoja de laurel, las cáscaras de limón y naranja, las flores o pétalos y los cristales. Añade el aceite, sin llenar el frasco hasta arriba, y cuéntale a la botella qué cosas te hacen feliz. Cierra la tapa y séllala con gotas de cera o silicona caliente. Coloca el frasco en un lugar seguro, por ejemplo en el altar, y agítalo de vez en cuando para activar las energías del hechizo. Cuando necesites levantar el ánimo, medita con el frasco en las manos, sintiendo cómo fluye hacia ti una energía positiva que te llena de paz y felicidad.

MEJOR MOMENTO Domingo, luna creciente o llena

Trenza de la felicidad

UTENSILIOS Hilo amarillo de la longitud de tu brazo | hilo blanco de la longitud de tu brazo | hilo naranja de la longitud de tu brazo **INGREDIENTES** Cuentas, adornos o pequeños objetos para entretejerlos

Esta trenza, inspirada en la magia tradicional con nudos, aporta felicidad y energía positiva. Puedes incorporarle cualquier otra cualidad mágica que desees, y usarla como pulsera o adorno para el pelo.

En primer lugar, ánclate a la tierra, céntrate y purifica los materiales (pp. 26-27). Junta los tres hilos y anúdalos por un extremo mientras recitas estas palabras:

Lanzo este hechizo para que la felicidad llegue a mi vida, se entreteja con ella y la acompañe.

Ahora concéntrate en tu propósito —escuchar música animada puede ayudarte— y empieza a trenzar los hilos, añadiendo, si quieres, adornos o cuentas de vez en cuando. A medida que los hilos se entrelacen, irás integrando y reforzando el propósito de la felicidad, uniéndolo a tu vida. Cuando termines la trenza, recita estas palabras:

El hechizo queda sellado y esta trenza de la felicidad y la alegría con un nudo remato. Que así sea.

Por la mañana, coloca la trenza bajo la luz directa del sol hasta el atardecer, para que absorba su energía durante todo el día. Átatela alrededor de la muñeca, tan apretada como te resulte cómodo, adórnate el pelo con ella o úsala para recogértelo.

MEJOR MOMENTO Viernes, sábado, domingo, luna creciente

Ungüento para volar

UTENSILIOS Frasco grande | olla para baño maría o 2 cacerolas | gasa **INGREDIENTES** 240 ml de aceite de oliva | 2 cucharaditas de artemisa bien desmenuzada | 2 cucharaditas de jazmín | 30 g de cera de abeja | 3 gotas de aceite esencial de sándalo

Los sueños revelan información del subconsciente, y los ungüentos para volar se usan para inducir viajes astrales y sueños lúcidos. Es probable que estos preparados contuvieran antaño plantas psicodélicas o la tóxica belladona. Había quienes los aplicaban sobre escobas, lo que dio lugar al estereotipo de la bruja volando en una escoba.

Esta receta requiere más tiempo y esfuerzo que otras. Vierte el aceite de oliva en un frasco grande y añádele la artemisa y el jazmín. Cierra el frasco y deja que la mezcla macere al menos un mes en un sitio fresco y oscuro.

Pasado el mes, cuela el aceite con la gasa, apretando bien la artemisa y el jazmín, y ponlo en la olla para baño maría a baja temperatura. Añade la cera de abeja y calienta lentamente —no subas mucho la temperatura ni dejes que hierva—. Cuando la cera y el aceite estén integrados, incorpora el aceite esencial de sándalo y remueve. Pasa la mezcla al frasco y deja que endurezca.

Antes de irte a dormir, aplícate en las muñecas un poco de ungüento (una cantidad del tamaño de un guisante) y recita:

Esta noche vuelo, en sueños y en espíritu,
a un mundo maravilloso. Que así sea.

MEJOR MOMENTO Luna nueva o llena
NOTA Solo para uso tópico

Hechizo para recordar sueños

UTENSILIOS Mortero | recipiente hermético **INGREDIENTES** 1 cucharadita de albahaca | una pizca de salvia seca | 1 cucharadita de romero | 1 cucharadita de consuelda | 3 gotas de aceite esencial de pachulí | 1 cucharadita de agua | 1 cucharadita de miel | mechero o cerillas

Los sueños pueden transmitirnos mensajes del subconsciente, volviéndose proféticos o esclarecedores, e incluso servir para procesar experiencias pasadas. Recordar los sueños es otro modo de trabajar con las energías y el subconsciente. Para este hechizo, elaborarás tus propios conos de incienso.

En primer lugar, purifica los materiales. Para ello frótate las manos hasta que notes calor, colócalas encima de los utensilios e ingredientes y recita:

Estos materiales quedan purificados y bendecidos.

Echa en el mortero los ingredientes secos y muélelos en el sentido de las agujas del reloj para atraer los recuerdos de los sueños. Cuando las hierbas estén bien molidas y mezcladas, añade el aceite esencial de pachulí y vuelve a remover. Repite con el agua y por último, con la miel. Forma pirámides o conos con los dedos, déjalos secar uno o dos días y guárdalos en un recipiente hermético.

Media hora antes de irte a la cama, siéntate junto al altar, enciende un cono de incienso y recita tres veces este conjuro:

Recuerdos de sueños pasados,
presentes y venideros,
acudid a mí sin esfuerzo.
Que así sea.

Realiza este hechizo con frecuencia para obtener mejores resultados.

_____

MEJOR MOMENTO Cualquiera

Crea tus propios sueños

UTENSILIOS Papel | bolígrafo | caldero | mechero o cerillas | bolsita **INGREDIENTES** Ungüento para volar (p. 144) o 1 cucharadita de menta piperita | una pizca de artemisa | una pizca de raíz de valeriana | 1 anís estrellado

Con este hechizo, diseñarás tus sueños para acceder al mundo onírico que desees mientras duermes. Esta técnica también puede ayudarte a conseguir sueños lúcidos.

Antes de irte a la cama, escribe en el papel una descripción lo más detallada posible del mundo onírico que te gustaría visitar. Visualízalo mientras escribes e imagina todo lo que ves, sientes y oyes. Cuando hayas terminado, dobla el papel tres veces hacia ti para atraer el sueño y quémalo. Mientras el humo asciende, visualiza cómo se transforma en la energía que te llegará en sueños. Recita unas palabras de forma intuitiva o este conjuro:

Creo mis sueños para internarme en un mundo de fantasía y aventura. Que así sea.

A continuación, aplícate un poco de ungüento para volar en las muñecas (una cantidad del tamaño de un guisante) o mete en la bolsita la menta piperita, la artemisa, la raíz de valeriana y el anís estrellado. Purifica y bendice la bolsa y colócala bajo la almohada.

———————

MEJOR MOMENTO Cualquiera

Cristal para grabar tus sueños

UTENSILIOS Cuarzo transparente y/o amatista

Esta técnica se llama programación y, en este caso en concreto, su objetivo es ayudarte a recordar los sueños.

Purifica el cuarzo transparente o la amatista con humo, sonido o tu propia energía (p. 27). Toma el cristal con ambas manos y concéntrate en tu propósito —recordar tus sueños y «grabarlos» mediante el cristal—. Visualiza una cámara de vídeo en su interior y recita estas palabras:

Te programo para que grabes mis sueños y así pueda acceder a ellos y recordarlos con claridad. Que así sea.

Coloca el cristal bajo la almohada o junto a la cama y, antes de dormirte, dale un golpecito y di «empieza a grabar». Por la mañana, dale otro golpecito y di «deja de grabar».

Medita con el cristal en las manos hasta que recuerdes qué has soñado. Con tiempo y práctica, te resultará más fácil evocar los sueños y las memorias serán más vívidas.

———————

MEJOR MOMENTO Cualquiera, luna llena

Bolsa amuleto para un sueño tranquilo

UTENSILIOS Bolsita o pedazo de tela de algodón o lino | hilo azul oscuro | aguja | rotulador azul oscuro **INGREDIENTES** 1 cucharadita de lavanda | 1 cucharadita de mejorana | 1 violeta | 1 anís estrellado | 1 amatista

Esta bolsa amuleto ayuda a tener un sueño tranquilo, sosegado y sin pesadillas. Hay que colocarla en la cama o debajo de ella, y conviene purificarla con frecuencia para liberar las energías y reactivarla.

En primer lugar, traza un círculo, ánclate a la tierra y céntrate, y purifica el altar y los materiales (pp. 26-27). Toma el pedazo de tela o la bolsa y borda o dibuja encima un sigilo de sueño reparador o la runa Laguz (pp. 21-22). A continuación, recita estas palabras:

Concédeme descanso y sueño reparador, y aleja las pesadillas y las noches en vela. Que así sea.

Anuda el hilo en la parte superior de la bolsa para cerrarla. Por último, ánclate a la tierra, céntrate y abre el círculo.

Coloca la bolsa bajo la almohada o cerca de la cama. Antes de irte a dormir, visualiza un escudo de energía que surge de la bolsa amuleto y os cubre a ti y tu cama, además de a tu pareja, tus hijos o tus mascotas. Duérmete sabiendo que tienes un escudo protector alrededor.

MEJOR MOMENTO Luna llena o nueva

Tarro de hechizo contra la ansiedad

UTENSILIOS Incienso para purificar | mechero o cerillas | frasco pequeño de cristal | embudo | vela morada (o silicona caliente morada) | bolígrafo **INGREDIENTES** 1 cucharadita de lavanda seca | 1 cucharadita de manzanilla seca | 1 cucharadita de jazmín seco | 1 calcedonia azul | 1 hoja de laurel

Este tarro de hechizo te ayudará a gestionar la ansiedad, aunque en ningún caso sustituya a la atención de un profesional. Llévalo en el bolso para tenerlo cerca o ponlo junto a la cama. Los tarros de hechizo contienen y esparcen energía —el propósito de este es disipar la ansiedad interior y exterior e irradiar calma—.

En primer lugar, purifica el frasco de cristal con incienso —de lavanda es una buena opción—. Pon dentro la lavanda, la manzanilla, el jazmín y la calcedonia. Escribe la palabra «serenidad» en la hoja de laurel e incorpórala al frasco. Cierra el recipiente y sella la tapa con gotas de cera o silicona caliente.

Coloca el tarro de hechizo en un lugar seguro, como el altar. Agítalo de vez en cuando para activar sus energías y medita con él en las manos, sintiendo cómo la ansiedad desaparece y la sustituye el sosiego.

MEJOR MOMENTO Luna menguante

Ritual para alejar la tristeza

UTENSILIOS Un cubo con agua | 2 trozos de fieltro o tela de algodón blanco (de unos 10 x 10 cm) | rotulador | hilo y aguja | tijera | embudo | mortero | caldero | mechero o cerillas **INGREDIENTES** 1 cucharadita de sal | 1 cucharadita de cáscaras de huevo | 1 cucharadita de lavanda seca | 1 cucharadita de romero seco

En este hechizo para alejar la tristeza vas a confeccionar una muñeca, un elemento empleado por diferentes culturas a lo largo de la historia. Es un ejemplo de magia empática y, como todo en la magia, su finalidad la decide quien lo realiza.

En primer lugar, traza un círculo, ánclate a la tierra y céntrate, y purifica el altar y los materiales (pp. 26-27). Pon el cubo con agua al lado del altar como medida de prevención de un incendio.

Coloca los trozos de fieltro uno sobre otro, dibuja una silueta humana y recórtala. No olvides hacer la figura aproximadamente 1 cm más grande del tamaño que quieras que tenga la muñeca para disponer de margen para la costura. Toma el hilo y la aguja y da la primera puntada. Concéntrate en el propósito del hechizo: levantar el ánimo y alejar la negatividad. Cose el 80 % de la silueta para dejar una abertura por la que introducir las hierbas.

Muele la sal, las cáscaras de huevo, la lavanda y el romero y rellena la muñeca con la mezcla. Cose la abertura mientras recitas:

Alejo la negatividad, los pensamientos y recuerdos tristes, las energías negativas que me rodean. Ayúdame a librarme de todo ello, ayúdame a llenarme de energía positiva, ayúdame en mi camino de sanación.
Que así sea.

Acto seguido, quema la muñeca en el caldero. Visualiza cómo los pensamientos tristes o negativos se alejan de ella y de ti. Cuando las hierbas empiecen a arder, se liberará una energía positiva que te envolverá. Por último, abre el círculo y arroja las cenizas de la muñeca al viento.

MEJOR MOMENTO Luna nueva

Bolsa amuleto para la claridad mental

UTENSILIOS Bolsita o pedazo de tela de algodón o lino | hilo blanco **INGREDIENTES** 1 nuez | 1 cucharadita de albahaca | 1 cucharadita de menta piperita | 1 cucharadita de ruda | 1 cuarzo transparente | una pluma

Cuando necesites claridad mental, prepara esta bolsa amuleto y utilízala hasta que tus pensamientos y emociones se hayan serenado.

En primer lugar, traza un círculo, ánclate a la tierra y céntrate, y purifica el altar y los materiales (pp. 26-27). Toma la bolsita o el pedazo de tela y pon dentro los ingredientes. Anuda el hilo a la parte superior de la bolsa, sin apretar demasiado para que quede una pequeña abertura, y recita en ella el siguiente conjuro:

Que esta bolsa aumente mi claridad mental y emocional para juzgar con lógica y sabiduría, para sentir de forma intuitiva y libre de influencias. Que así sea.

A continuación, cierra bien la bolsa, ánclate a la tierra y céntrate, y abre el círculo.

Lleva la bolsa amuleto contigo o colócala bajo la almohada. Durante una semana, o siempre que lo desees, toma la bolsa, calma tu respiración y concéntrate en el amuleto. Visualiza en su interior una luz palpitante que se expande poco a poco hasta disipar la niebla de pensamientos confusos y ofrecerte una perspectiva clara de tu situación. Cuando hayas terminado, guarda la bolsa hasta la próxima vez que la uses.

MEJOR MOMENTO Luna llena, nueva o creciente

Primera cosecha: ritual del pan

UTENSILIOS Molde para pan | cuenco grande | papel de horno | palillo **INGREDIENTES** 400 ml de agua tibia | 1 sobre de levadura de panadería seca | 1/2 cucharadita de azúcar | 450 g de harina de trigo integral | 2 cucharaditas de sal | 100 g de pipas de girasol | pasas o hierbas con correspondencias mágicas (pp. 181-183), opcional

Lammas o Lugnasad es la fiesta celta dedicada a la primera cosecha del año (el 1 de agosto en el hemisferio norte y el 1 de febrero en el hemisferio sur). Es tradición celebrar el día horneando pan. Esta receta puede modificarse fácilmente añadiendo pasas, bayas o hierbas asociadas a aquello que se quiera invocar.

Disuelve la levadura y el azúcar en el agua, incorpora los demás ingredientes a la mezcla y remueve hasta obtener una masa uniforme y pegajosa. Forra el molde con el papel de horno. Echa la masa en el molde y déjala leudar durante 30 minutos. Con el palillo, traza sigilos o runas en la masa (pp. 21-22). También puedes crear dibujos (por ejemplo, sigilos o runas) pinchando pipas de girasol en la masa. A continuación, coloca las manos por encima del molde y recita:

Doy las gracias por esta cosecha. Que este pan nos traiga salud, prosperidad y fortuna para permanecer calientes cuando el invierno llame a la puerta. Que así sea.

Mete el molde en el horno frío, sube la temperatura a 240 °C (220 °C con ventilador) y hornea el pan durante una hora.

MEJOR MOMENTO Mañana de la primera cosecha

Solsticio de verano: ritual de la corona de flores

INGREDIENTES Una cesta con flores (en correspondencia con tu propósito, pp. 181-183) | una cesta con hojas de roble

Las coronas de flores u hojas son habituales en las celebraciones del solsticio de verano. Este ritual está inspirado en las costumbres bálticas para esta época del año.

El día del solsticio de verano elabora una corona con flores recogidas en tu entorno. Elígelas de acuerdo a lo que desees atraer a tu vida durante el año siguiente (consulta las correspondencias en pp. 182-185).

Si no te apetece llevar una corona de flores, puedes hacerla con hojas y ramitas de roble. Las coronas de flores se consideran más femeninas y las de hojas de roble, más masculinas —elige la que prefieras o combina ambas—.

Lleva la corona con orgullo durante todo el día, sobre todo si vas a reunirte con amigos o familiares junto a una hoguera al final de la jornada. Este es un momento para la celebración.

Conserva la corona durante un año y en el siguiente solsticio de verano quémala en una hoguera.

MEJOR MOMENTO Mañana del solsticio de verano

Equinoccio de otoño: sopa curativa de calabaza

UTENSILIOS Cacerola grande | cuchillo | tabla de cortar | batidora de mano o de vaso **INGREDIENTES** 1 calabaza (la potimarrón es ideal porque su cáscara es comestible) | 3 zanahorias medianas | 1 patata grande | 1 cebolla | 500 ml de caldo de verduras | 400 ml de leche de coco | 1 trozo de jengibre fresco de 1 cm, picado | sal y pimienta al gusto

Esta sopa de calabaza es perfecta para celebrar la segunda fiesta de la cosecha y el equinoccio de otoño.

Pela y trocea la calabaza, las zanahorias, la patata y la cebolla. Pon las hortalizas en una cacerola con agua ligeramente salada y cuécelas hasta que estén tiernas (entre 40 minutos y 1 hora). Retira el agua de cocción ayudándote con la tapa. Incorpora el caldo y la leche de coco a la cazuela y bate todo bien. Añade el jengibre, sal y pimienta al gusto y ¡a disfrutar!

MEJOR MOMENTO Noche del equinoccio de otoño

Víspera de Todos los Santos: ritual de la cena silenciosa

INGREDIENTES Una comida que pudiera gustarle a tu ser querido o antepasado difunto

La víspera de Todos los Santos, también conocida como Samhain o Noche de Difuntos, se celebra el 31 de octubre y señala el fin de la temporada de cosecha. Se afirma que este día el velo entre nuestro mundo y el de los muertos es muy fino, por lo que resulta ideal para trabajar con los espíritus y los antepasados.

La cena silenciosa es un ritual tradicional. Cuando estés preparando la cena, purifica la mesa y añade un plato para un ser querido fallecido, un espíritu, un antepasado o incluso una deidad con la que suelas trabajar. Luego llena el plato adicional como si fuera para un invitado vivo y cena en silencio para honrar a los difuntos. Al terminar, da las gracias, retira el plato de comida y guárdalo para el día siguiente o, si lo prefieres, deséchalo.

MEJOR MOMENTO Noche de la víspera de Todos los Santos

Solsticio de invierno: ritual del tronco de Yule

UTENSILIOS   Un tronco | 3 o 4 velas de té | decoración invernal (piñas, musgo, fruta desecada...) | silicona caliente | mechero o cerillas

El solsticio de invierno, también conocido como Yule o Jul, anuncia el renacer del sol y es un buen momento para honrar al invierno. Una de las costumbres de esta época es quemar un tronco de Yule para aportar calor a la casa.

Puedes celebrar el solsticio de invierno preparando un tronco de Yule. Solo tienes que buscar un leño y pegarle con silicona caliente unas velas de té y cualquier otra decoración invernal que encuentres en tu entorno.

Bendice el tronco y enciende las velas al anochecer. Tradicionalmente, se dejaba el fuego ardiendo toda la noche, así que las velas votivas pueden ser la opción más segura. Otra alternativa es encender las velas cada día hasta que se hayan consumido, o hasta el inicio de la primavera.

MEJOR MOMENTO Noche del solsticio de invierno o cuatro semanas antes del solsticio de invierno

Inicio de la primavera: ritual de adivinación en el fuego

UTENSILIOS   Vela blanca (o el fuego de una chimenea o una hoguera, si tienes esta opción) | mechero o cerillas

El inicio de la primavera, o Imbolc, se celebra la noche del 1 de febrero. Es el punto intermedio entre el solsticio de invierno y el equinoccio de primavera, una época en la que el sol va adquiriendo fuerza y las plantas y animales van despertando. Para celebrar este día, puedes realizar un sencillo ritual de adivinación en el fuego.

Enciende una vela blanca, o utiliza el fuego de una chimenea, y siéntate en postura meditativa. Concéntrate en la llama y pregunta en voz alta:

¿Qué me depara el futuro?

Mantén la atención en la llama, en su movimiento y en cualquier forma o símbolo que puedas distinguir. Una llama fuerte y regular puede indicar la llegada de experiencias positivas, mientras que una llama débil puede anunciar obstáculos. No olvides purificarte y anclarte a la tierra (p. 27) antes y después del ritual.

MEJOR MOMENTO Noche del inicio de la primavera

ALEGRÍA Y SERENIDAD

Equinoccio de primavera: hechizo de Ostara con huevos

UTENSILIOS Huevos | cazuela grande | palillo o aguja
INGREDIENTES 1 litro de agua | 150 g de remolacha o cebolla roja para el rojo | 150 g de cúrcuma o flores de manzanilla para el amarillo | 150 g de espinacas u ortigas para el verde | 150 g de té negro, café o pieles de cebolla para el marrón | 150 g de arándanos, bayas de saúco u hojas de lombarda para el azul o morado

El equinoccio de primavera, también conocido como Ostara, es una fiesta de origen germánico dedicada a la primavera, la fertilidad y la vida, así que es un momento ideal para iniciar proyectos nuevos. Para celebrarlo, puedes realizar este sencillo hechizo.

Lo primero es reunir unos cuantos huevos caseros (también puedes comprarlos en la tienda). A continuación, realízales un agujero a cada extremo con el palillo o la aguja y sopla por uno de ellos para que salga la yema y la clara (puedes aprovecharlas para preparar huevos revueltos, así que no las tires).

Para teñir los huevos, pon agua en la cazuela y añade el colorante que hayas elegido. Calienta el agua hasta que hierva y luego déjala reposar 15 minutos antes de retirar el material tintóreo. Sumerge los huevos en el agua y tenlos ahí varias horas, o toda la noche, para que se impregnen del color. Con las correspondencias de los colores (p. 178) y la magia de los huevos (que representan el desarrollo de nuevas oportunidades), puedes manifestar tus deseos. Cuelga los huevos en el altar para dar la bienvenida a esos sueños.

MEJOR MOMENTO Mañana del equinoccio de primavera

Primero de mayo: ritual del mayo

UTENSILIOS Una tabla | una rama (de la longitud de tu brazo) | silicona caliente o taladro | 3 cintas (o más) de colores (de la longitud de tu brazo) | 3 velas de té| mechero o cerillas

El primero de mayo, también conocido como Beltane o noche de Walpurgis, es una fiesta dedicada a la fertilidad, el amor y la sexualidad, y señala el punto intermedio entre el equinoccio de primavera y el solsticio de verano. Bailar alrededor del mayo para celebrar el primer día del verano era antaño costumbre en varios países de Europa —y sigue siéndolo en Alemania—.

Puedes crear un mayo para adornar el altar utilizando una tabla como base y una rama larga a modo de palo. Une ambas piezas con silicona caliente o haciéndoles un taladro. Prepara varias cintas de colores para atarlas en lo alto del mayo y trenzarlas alrededor de la rama. En Alemania, es tradicional que en cada región se usen unos colores (en Baviera, por ejemplo, son habituales el azul y el blanco), pero elige los colores correspondientes a lo que desees atraer a tu vida (p. 178). Enciende las velas alrededor del mayo para representar el fuego y disfruta junto al altar.

MEJOR MOMENTO Mañana del primero de mayo

TRABAJO *y* METAS

Integrar la magia en tu día a día significa incluirla también en tu trabajo y tus aficiones, áreas de la vida en las que suele haber espacio para más tranquilidad y crecimiento. Tal vez desees aumentar tu confianza, o simplemente busques inspiración.

Ritual con agua de sol

UTENSILIOS Taza | cuchara **INGREDIENTES** Agua de sol (consejo p. 49) | tu té o café favorito | citrino, cuarzo hematoide o cornalina

El agua de sol contiene energías de éxito, fuerza, brillo y felicidad.

Añade a tu té o café de la mañana una cucharadita de agua de sol para atraer el poder del astro rey, sobre todo si te espera algún proyecto a lo largo del día en el que deseas triunfar. Remueve en el sentido de las agujas del reloj para atraer y visualiza la energía del sol mientras bebes. Para conseguir un poco más de empuje, coloca un cristal asociado al sol junto a la taza para cargar la bebida con su energía. Visualiza dentro del cristal un pequeño sol que envuelve con su luz la bebida hasta que esta irradia su propia energía.

MEJOR MOMENTO Cualquiera

Polvos mágicos para el éxito

UTENSILIOS Mortero | frasco | vela de té | mechero o cerillas **INGREDIENTES** 1 cucharadita de albahaca seca | 1 cucharadita de manzanilla seca | 1 cucharadita de trébol rojo | 1 cucharadita de canela | 1 cucharadita de azúcar

Si quieres tener éxito, prepara estos polvos mágicos para usarlos en hechizos, ungir velas o repartirlos por tu lugar de trabajo.

En primer lugar, purifica los materiales. Para ello frótate las manos hasta que notes calor, colócalas encima de los utensilios e ingredientes y recita:

Estos materiales quedan purificados y bendecidos.

Echa los ingredientes secos en el mortero y muélelos hasta obtener un polvo muy fino. Puedes guardar la mezcla en un frasco o usarla en el momento. Solo hay que echarla sobre una vela de té, encender la mecha y recitar un conjuro propio o el siguiente:

Atraigo el éxito y unos buenos resultados en mi trabajo. Que así sea.

MEJOR MOMENTO Luna llena o creciente
CURIOSIDAD A los dragones, unos seres míticos de gran fuerza y poder, se los relaciona con el éxito, y hay muchos relatos sobre dragones que acumulan oro o son fuente de sabiduría. Puedes trabajar con la energía de los dragones para introducir estas temáticas en tu práctica

Baño ritual
de invocación

UTENSILIOS Velas para crear ambiente (opcional)
INGREDIENTES 700 ml de agua de sol (consejo p. 49) | 700 ml de leche | 3 cucharadas de miel | flores frescas de color amarillo

Este baño es perfecto para invocar prosperidad, así que visualízate rodeado de éxito y fortuna.

Prepara la bañera y enciende las velas. Añade los ingredientes al agua y sumérgete en ella, imaginando que estás rodeado de abundancia. Mientras estés en el agua, continúa con la visualización y recita:

Nado en la abundancia, la felicidad
y la prosperidad. Que así sea.

Medita y concéntrate en tus propósitos. Cuando estés listo, sal de la bañera.

MEJOR MOMENTO Al amanecer, domingo, luna creciente o llena
CONSEJO Puedes sustituir la leche y la miel por opciones veganas como la bebida de avena y el sirope de arce

Bolsa amuleto para el éxito profesional

UTENSILIOS Bolsita de organza, preferiblemente amarilla o dorada
INGREDIENTES 1 cucharadita de albahaca seca | 1 cucharadita de mejorana | 1 cucharadita de menta piperita | 1 cucharadita de canela | 1 cucharadita de tomillo

Prepara esta bolsita para colgarla en la ducha y envolverte, mientras te lavas, con la energía de la motivación, la ambición, la felicidad y el éxito profesional.

En primer lugar, purifica los materiales. Para ello frótate las manos hasta que notes calor, colócalas encima de los utensilios e ingredientes y recita:

*Estos materiales quedan
purificados y bendecidos.*

Llena la bolsa con las hierbas, ciérrala y sostenla en las manos al tiempo que elevas tu energía. Visualiza las energías del universo y la tierra fluyendo hacia la bolsa amuleto y cargándola con una luz dorada. Cuélgala en la ducha y recita estas palabras:

*Concédeme éxito, felicidad
y suerte en mi profesión.
Que así sea.*

Modifica el conjuro si lo que deseas conseguir es una nueva profesión en vez de éxito en la que tienes.

———————

MEJOR MOMENTO Luna llena o creciente

Hechizo para atraer clientes

UTENSILIOS Incienso para purificar | bolsita | campanilla | cordel
INGREDIENTES 3 hojas de laurel | 1 cucharadita de menta piperita | 1 cucharadita de tomillo | 3 monedas de tu país

Una campanilla colgada en la puerta de tu negocio no solo anuncia la llegada de clientes, sino que purifica y protege el espacio y atrae más clientes.

En primer lugar, purifica los materiales con el incienso. Luego toma la bolsita, mete dentro las hierbas y las monedas y ciérrala. Por último, ata la campanilla a la bolsa con el cordel, dejándola lo bastante suelta para que suene al moverse. Concéntrate en tu propósito mientras elaboras el talismán. Coloca la bolsa en la puerta principal para que la campanilla suene cada vez que alguien entre.

———————

MEJOR MOMENTO Jueves, luna creciente o llena

Hechizo para encantar tu ropa

UTENSILIOS Hilo y aguja (o rotulador) | prenda de vestir | un cuadradito de tela de algodón (aproximadamente 3 x 3 cm)

Incorporar la magia a una vida ajetreada puede parecer complejo, hasta que te das cuenta de que puedes hechizar cada uno de sus aspectos, incluida la ropa. Este hechizo es perfecto para afrontar una entrevista de trabajo, una reunión importante o un discurso.

En primer lugar, purifica los utensilios (p. 27). Luego toma el cuadradito de tela, borda o dibuja en él un sigilo de éxito (p. 22) o la runa Jera (p. 21) y cóselo en el interior de la prenda —lo ideal es ponerlo donde están las etiquetas—.

Mientras das puntadas, establece el propósito de tu indumentaria encantada. Recita las palabras que desees o utiliza estas:

Que el éxito acuda a mí acompañado de paz y prosperidad. Que así sea.

Visualiza cómo la runa o el sigilo emite un ligero resplandor y traspasa su magia a la ropa.

MEJOR MOMENTO Luna llena, nueva o creciente

Sigilo para encantar tus zapatos

UTENSILIOS Unos zapatos | pedazo de papel u hoja de laurel | bolígrafo

Una manera fácil pero efectiva de atraer el éxito a tu vida es colocar en tus zapatos un pedacito de papel o una hoja de laurel con un sigilo de éxito (p. 22) o la runa Fehu o Jera (p. 21).

Purifica el papel o la hoja de laurel (p. 27) y dibuja encima el sigilo o la runa, concentrándote en tu propósito. A continuación, dobla el papel hacia ti para atraer o en sentido contrario para alejar. Si utilizas una hoja de laurel, no

hace falta que la dobles. Ahora coloca el papel o la hoja de laurel bajo la plantilla del zapato o dentro de la lengüeta, donde esté más seguro. También podrías realizar el hechizo dibujando la runa o el sigilo directamente en los zapatos. Si lo pintas en la suela, recuerda repasarlo de vez en cuando, ya que se irá desgastando.

MEJOR MOMENTO Luna llena, nueva o creciente

Ritual de luna creciente

UTENSILIOS Papel | bolígrafo | maceta | tierra | pala | semillas de plantas asociadas al éxito o a la riqueza (consulta las correspondencias en pp. 182-185) o de flores amarillas/naranjas

Este ritual te va a permitir definir los objetivos de los meses venideros. Utilízalo para atraer el éxito y el valor para perseguir tus sueños y deseos.

En primer lugar, ánclate a la tierra, céntrate y purifica los utensilios (p. 27). Corta el papel en trocitos lo bastante grandes para escribir una palabra en ellos. Divídelo en el número específico de manifestaciones que tengas en mente o, por ejemplo, en tres, nueve o trece pedazos. Escribe palabras que definan lo que quieres atraer, como «valor», «motivación» o cosas más concretas como «nuevas oportunidades», «ascenso» o «nuevo proyecto divertido». Luego forma una bolita con cada papel. Llena la maceta de tierra casi hasta el borde. Abre huecos en la tierra con los dedos, echa dentro las semillas y las bolitas de papel y tápalos. Visualiza cómo plantas cada propósito para que crezca convertido en lo que deseas atraer a ti.

Coloca las manos sobre la maceta y eleva tu vibración, imaginando una corriente de energía que fluye desde arriba, desde abajo y a través de ti hacia la maceta. Recita:

Con la luna creciente planto mis intenciones para cosechar objetivos y deseos. Que así sea.

Cuando riegues las plantas o semillas, hazlo pensando en nutrir tus propósitos para que crezcan fuertes.

MEJOR MOMENTO Luna creciente

TRABAJO Y METAS

Hechizo de los 13 días

UTENSILIOS Vela grande de color naranja o dorado | plato o bandeja resistente al fuego | mechero o cerillas **INGREDIENTES** Aceite de oliva | una pizca de canela | una pizca de tomillo seco | una pizca de albahaca seca | 3 tréboles recién cortados (los de cuatro hojas son ideales, pero difíciles de encontrar) | 1 cucharada de sal

Lanza este hechizo cuando quieras atraer el éxito, ya sea en forma de dinero, un nuevo trabajo, un ascenso u oportunidades. Puedes adaptarlo para conseguir cualquier cosa que desees.

En primer lugar, traza un círculo, ánclate a la tierra y céntrate, y purifica los materiales (pp. 26-27). Toma la vela, golpéala tres veces sobre el altar para «despertarla» y ruédala hacia ti para establecer su intención de atraer el éxito.

Unta la vela con unas gotas de aceite de oliva y pásala por encima de la canela, el tomillo y la albahaca. Pon la vela en la bandeja, coloca los tréboles en torno a ella y forma un círculo de sal alrededor del conjunto. Asegúrate de que la bandeja y la vela estén situadas en el altar bastante lejos de ti. Enciende la vela e indica lo que deseas atraer en los próximos 13 días. Podrías decir:

Elevo la energía durante 13 días para atraer éxito y fortuna. Que no tarden en cumplirse mis deseos. Que así sea.

Ahora acerca un poco la bandeja hacia ti, con cuidado y visualizando cómo el éxito llega a tu vida. Siéntate en postura meditativa y, cuando estés preparado, apaga la vela y abre el círculo.

En los próximos 13 días, siéntate cada jornada junto a la vela encendida, repite el conjuro y acerca la vela otro poco hacia ti.

MEJOR MOMENTO Luna nueva

Amuleto para aumentar tu atractivo

UTENSILIOS Bolígrafo | hilo naranja o dorado (de la longitud de tu brazo) **INGREDIENTES** 1 hoja de laurel | 1 rodaja de manzana deshidratada (hornéala varias horas para secarla)

Crea este amuleto de glamur para aumentar tu atractivo en momentos en los que necesites mostrarte especialmente carismático. Es perfecto para asistir a una entrevista de trabajo, solicitar un préstamo o cerrar un contrato.

En primer lugar, purifica los utensilios (p. 27). Luego escribe con esmero en la hoja de laurel la palabra «encantador», o dibuja un sigilo creado por ti (p. 22). Coloca la hoja de laurel sobre la rodaja de manzana y rodéalas con el hilo, apretando bien. Sostén el amuleto en las manos, visualiza cómo la energía fluye hacia él y recita:

Bendigo y consagro este talismán
para que cree a mi alrededor un campo
energético que me haga encantador.
Que así sea.

Ahora guarda el amuleto en un bolso o en el bolsillo de una prenda que vayas a llevar en esa ocasión en la que necesitas todo tu encanto. Si el talismán tiene una intención más específica, como conseguir un determinado puesto de trabajo, entiérralo cuando ya no lo uses para devolverlo a la naturaleza.

MEJOR MOMENTO Jueves, domingo, luna nueva

Sigilo para el currículum

UTENSILIOS Goma de borrar o programa de edición para ordenador o teléfono | bolígrafo | papel

Cuando vayas a solicitar trabajo, esconde un sigilo en tu currículum para aumentar las posibilidades de conseguir el puesto. Puedes adaptar el hechizo para ocultar el sigilo tanto en documentos digitales como en papel.

En primer lugar, crea un sigilo con una frase similar a esta: «Voy a conseguir este puesto» (p. 22). Si vas a entregar el currículum en persona, utiliza una goma de borrar para *dibujar* el sigilo en el papel. Si vas a enviarlo de forma digital, carga una fotografía del sigilo en el programa de edición, añade la imagen al documento y reduce la visibilidad a cero. Al mandarlo, activa el sigilo visualizando cómo se desvanece.

MEJOR MOMENTO Jueves, luna creciente o llena

TRABAJO Y METAS

Bolsa amuleto para conseguir trabajo rápido

UTENSILIOS Bolsita o pedazo de tela | hilo dorado o naranja | aguja | papel | bolígrafo **INGREDIENTES** 1 cucharadita de trébol rojo | 1 cucharadita de canela | 1 cucharadita de verbena | 1 cristal pulido, ámbar o cornalina

Esta bolsa amuleto te ayudará a conseguir un empleo, ya que actúa como hechizo de glamur y aumenta la confianza. Llévala encima cuando acudas a entrevistas o busques trabajo.

Primero purifica los utensilios e ingredientes (p. 27). Luego borda en la bolsita un sigilo de éxito o la runa Dagaz (pp. 21-22), y pon dentro los ingredientes. Escribe en el papel este conjuro:

Reclamo ese trabajo ideal que me haga sentir seguro y me aporte estabilidad física y mental. Que así sea.

Dobla el papel tres veces hacia ti y mételo en la bolsa. A continuación, sostén el amuleto con ambas manos y respira profundamente varias veces. Empieza a elevar tu vibración (p. 27), canaliza energía hacia la bolsa y visualiza cómo tus manos y el amuleto despiden un suave resplandor dorado o verde (el color que relaciones con el éxito, consulta las correspondencias en p. 178). Cuando sientas que la bolsa está cargada de energía, deja que la luz se deposite en ella y desaparezca. Para terminar, ánclate a la tierra y céntrate.

MEJOR MOMENTO Luna nueva, creciente o llena

Hechizo para cambiar de trabajo

UTENSILIOS Bolígrafo | papel | plato resistente al fuego o caldero | vela votiva blanca | aguja, espina o palillo | mechero o cerillas

Encontrar un nuevo trabajo puede ser complicado, y encontrar uno que se adapte a tu estilo de vida y tus sueños, más todavía. Conviene repetir este hechizo una vez a la semana en cada fase de luna creciente.

En primer lugar, traza un círculo, ánclate a la tierra y céntrate, y purifica los utensilios (pp. 26-27). Siéntate en postura meditativa y concéntrate en la profesión que deseas atraer a ti. Imagina que has conseguido tu trabajo ideal y las emociones que experimentas. Escribe en el papel una descripción de tu puesto soñado. Especifica tantos detalles como puedas, incluidos el salario y las horas de trabajo, pero siendo realista. Dobla el papel una vez hacia ti y colócalo bajo el plato. Luego toma la vela, grábale con la aguja un sigilo de tu creación o la runa Gebo (pp. 22-21), pégala al plato y enciéndela. Contempla cómo arde, concentrado en tu propósito.

Apaga la vela cuando estés listo y abre el círculo. Deberías repetir el hechizo varias veces, así que asegúrate de dejar suficiente vela para la siguiente ocasión.

MEJOR MOMENTO Jueves, sábado, fase de luna creciente (entre la luna nueva y la luna llena)

Cuenco para dulcificar al jefe

UTENSILIOS Cuenco | bolígrafo | papel | plato resistente al fuego | mechero o cerillas **INGREDIENTES** 1 hoja de laurel | 1 cucharadita de lavanda | 1 cucharadita de manzanilla | 1 cucharada de miel | 240 ml de leche o bebida vegetal

Este hechizo es perfecto para cuando tienes problemas con tu jefe o supervisor y necesitas «dulcificarlo» un poco. La leche y la miel han sido ofrendas habituales desde la antigüedad, sobre todo en el norte de Europa, y los botes de miel se emplean también en prácticas cerradas como el vudú y el conjure. En todo caso, se diferencian bastante de este hechizo, en el que la miel es solo uno de sus ingredientes.

En primer lugar, traza un círculo, ánclate a la tierra y céntrate, y purifica el cuenco (pp. 26-27). Escribe en el papel el nombre de la persona con la que estás chocando y dibuja al lado un sigilo creado para la ocasión (p. 22). Dobla el papel tres veces hacia ti, quémalo y echa las cenizas en el cuenco. Incorpora la hoja de laurel, la lavanda, la manzanilla y la miel, llena el recipiente de leche y mezcla todos los ingredientes, removiendo en el sentido de las agujas del reloj. Sostén el cuenco con ambas manos, eleva tu vibración y concéntrate en tu propósito para que se llene de energía hasta el borde. Recita este conjuro:

Dulcifica tu actitud hacia mí, muéstrate abierto, cortés y amable. Escúchame, dispuesto a comprenderme y a trabajar conmigo de forma tranquila y eficaz. Que así sea.

Cuando hayas terminado, abre el círculo. Lleva el cuenco al exterior y echa el contenido en la tierra mientras recitas:

Espíritus de la naturaleza, os entrego esta ofrenda para que me ayudéis a crear una relación positiva con mi [jefe/superior]. Que así sea.

Para terminar, vuelve a anclarte a la tierra y a centrarte.

————————

MEJOR MOMENTO Domingo, luna creciente o llena

Ritual para encontrar una casa nueva

UTENSILIOS Vela de té blanca | mechero o cerillas | folletos de inmobiliarias | impresora | tijera | chinchetas o pegamento | tablón de corcho, pizarra magnética, marco grande y vacío, o dispositivo digital para crear tu mapa de sueños | mortero **INGREDIENTES** 1 hoja de laurel | una pizca de canela | 1 cáscara de huevo

El mapa de sueños es una técnica de invocación que te permite ver cada día lo que quieres conseguir y adoptar la actitud adecuada para atraer esa realidad. Esto puede abrirte a nuevas oportunidades o ideas que te conduzcan directamente a tus objetivos. Este ritual es específico para encontrar una casa nueva.

Reúne los ingredientes y purifícalos (p. 27). Luego muele la hoja de laurel, la canela y la cáscara de huevo hasta obtener un polvo fino. Echa un poco de este polvo sobre la vela encendida (ten cuidado porque la llama puede crecer bastante; si prefieres evitar que esto suceda, reparte el polvo alrededor de la vela, sobre un plato). A continuación, recorta o imprime imágenes que se ajusten a lo que deseas invocar: el estilo de la casa, el color, la zona en la que está, el presupuesto, las experiencias que quieres tener en ella (formar una familia, adoptar una mascota, crear una oficina de ensueño para tu pequeño negocio, plantar un jardín de hierbas..., lo que quieras). Coloca todo de modo que te resulte visualmente atractivo y luego recita estas palabras:

Invoco este sueño, una casa a la que llamar hogar. Desenmaraño el futuro, que este hechizo me ayuda a crear. Que así sea.

Cuelga el mapa de sueños o utilízalo como fondo de pantalla en tu dispositivo digital.

MEJOR MOMENTO Jueves, domingo, luna nueva o creciente

Ritual para barrer la incertidumbre

UTENSILIOS Una escoba

Barrer es desde la antigüedad una forma de limpieza y una manera de deshacerse de energías y pensamientos negativos. Con este ritual, barrerás la baja autoestima que te impide lograr el éxito que anhelas.

Toma la escoba y barre tu espacio —siempre de este a oeste, siguiendo la dirección del sol—. Mientras limpias, visualiza cómo la indecisión constante desaparece de tu entorno. Recita el conjuro:

Barro y alejo la incertidumbre para que deje de ser un lastre para mí. Que así sea.

Cuando hayas juntado toda la suciedad en un montón, recógela y tírala. Realiza este ritual de limpieza de forma periódica —lo ideal es semanal o quincenalmente—.

MEJOR MOMENTO Luna menguante o nueva

TRABAJO Y METAS

Hechizo con nudos para lograr tus metas

UTENSILIOS Cordel de la longitud de tu brazo (de color natural o acorde a tu propósito, consulta las correspondencias en p. 178) | elementos relacionados con lo que quieras lograr

Si estás esforzándote por conseguir algo, utiliza este hechizo para amarrar tus propósitos a un cordel y concentrarte en tus metas.

En primer lugar, céntrate, ánclate a la tierra y traza un círculo (pp. 26-27). Luego toma el cordel, anuda uno de los extremos y ve añadiendo nudos cada vez más próximos a ti como representación de que tu meta se va acercando. Recita este conjuro al hacer cada nudo:

Con este primer nudo, me propongo [di tus objetivos].

Con este segundo nudo, amarro la energía para [di tus objetivos].

Con este tercer nudo, sujeto mi intención con fuerza. Que así sea.

Intercala entre nudo y nudo los elementos que quieras y remata con una última lazada.

Siéntate con el cordel en las manos y visualiza cómo tus objetivos se hacen realidad. Cuelga el cordel sobre el altar o en una estancia significativa para ese propósito –lo mejor es que lo tengas a la vista para que te recuerde tu meta–.

MEJOR MOMENTO Jueves, luna nueva o creciente

Ritual para mejorar la autoestima

UTENSILIOS Cazuela con agua | vela blanca con base de metal o cristal | mechero o cerillas | pinza de cocina **INGREDIENTES** Una pizca de tomillo | una pizca de canela | una pizca de semillas de amapola | 1 rodaja de manzana deshidratada

En ocasiones, tú eres lo único que bloquea el camino al éxito. Utiliza este hechizo cuando necesites recordarte que mereces los logros para los que has trabajado tanto, y también cuando quieras aumentar tu confianza.

En primer lugar, purifica los materiales (p. 27). Luego pon a calentar la cazuela con agua y, cuando hierva, mete la vela dentro, con cuidado de no salpicar la cera. Aguarda hasta que la vela se haya derretido por completo, sácala del agua con una pinza de cocina y espolvorea encima el tomillo y la canela. Espera hasta que la cera se haya endurecido un poco para añadir las semillas de amapola y la rodaja de manzana; de esta manera no se hunden hasta el fondo de la vela y el producto final resulta más atractivo. Acto seguido, recita la afirmación de autoestima que desees, o di estas palabras:

Enciende mi fuego interior con tu llama. No voy a rendirme, tampoco a domar mi fuerza. Sé bien que merezco que el éxito llame a mi puerta. Ayúdame a verme como un ser precioso, a sentirme seguro, a reconocer en mí el valor del que ahora dudo.

Cada vez que necesites mejorar tu autoestima, enciende la vela, siéntate en postura meditativa y repite la afirmación que recitaste cuando encantaste la vela.

_____

MEJOR MOMENTO Luna nueva, llena o creciente

ESCRIBE TUS PROPIOS HECHIZOS

Si creas tú mismo los hechizos, llevarán tu energía y resultarán más poderosos para tus intenciones. También puedes tomar cualquier hechizo del libro y adaptarlo al propósito que desees.

Los hechizos o rituales no tienen que ser siempre prácticas elaboradas —cualquier cosa en la que pongas intención puede convertirse en un hechizo fácil de incorporar a tu vida cotidiana—. Piensa en esas actividades que componen tu rutina diaria y en cuál sería su significado mágico de realizarlas con propósito.

Cuestiones básicas

- Anota en un cuaderno los hechizos o rituales que estés probando antes de copiar la versión final en el grimorio (p. 22).
- Reflexiona sobre las intenciones del hechizo o ritual, y sobre las posibles consecuencias —especialmente si hay otras personas implicadas—.
- En caso de duda, realiza una sesión de adivinación (por ejemplo, con las cartas del tarot o un péndulo) para evaluar si es buena idea o no realizar el hechizo.
- Utiliza ingredientes asociados a tus propósitos (pp. 178-185). Recuerda que no se puede preparar tarta de zanahoria sin zanahorias —cualquier sustitución debe ser lógica—.

- Los sigilos, runas, símbolos y vínculos mágicos también se consideran ingredientes. Es mejor utilizar ingredientes cercanos a ti y a tu cultura. Los ingredientes que tienes a mano pueden ayudarte a decidir qué tipo de hechizo hacer.
- Ten en cuenta la sincronización del hechizo —lo más habitual es usar las fases de la luna, pero puedes optar también por la sincronización astrológica, como días de la semana u horas—. Las fechas especiales son poderosas, y para algunos hechizos o rituales es bueno considerar las estaciones.
- La ubicación también puede ser un factor relevante. Algunos hechizos es mejor realizarlos en el exterior, pero adáptate a tus circunstancias.
- Sé lo más específico que puedas para que los resultados se aproximen a lo esperado. Cuantos más detalles, mejor.
- La seguridad es esencial, sobre todo cuando se trabaja con elementos o ingredientes potencialmente peligrosos: ¡practica siempre de forma segura!
- En ocasiones, es necesario revisar y modificar los hechizos.

Tipos de hechizos

Algunos tipos de hechizos son más adecuados para determinados propósitos que otros: los tarros de hechizo y las bolsas amuleto contienen energías; los hechizos empáticos, una de las formas más antiguas de magia, utilizan una cosa para representar otra (como muñecas, velas, dibujos...); y los hechizos con nudos aferran o liberan.

Piensa en lo que cada tipo de hechizo representa y en cómo puedes emplearlo en tu práctica. Por ejemplo, plantar semillas está relacionado con cosechar y atraer algo hacia ti, mientras que el uso del fuego libera y purifica.

Sobras de los hechizos

Algunos elementos de los hechizos pueden limpiarse, purificarse y reutilizarse —como frascos, cristales y símbolos—. Otros deben tirarse a un contenedor de basura —como la sal, que vuelve estéril el suelo—.

Las diferentes maneras de deshacerte de las sobras de un hechizo también pueden formar parte de él. Quemar los restos para liberar todas las energías, enterrarlos cerca de la casa para atraer propósitos, enterrarlos lejos para apartar algo (como en los alejamientos), o lanzar lo que sea biodegradable y no tóxico a ríos o mares puede ser un último paso importante.

Ten siempre en cuenta que no estás solo en el planeta y que ciertos ingredientes pueden ser dañinos para los animales de tu entorno o la fauna salvaje. En caso de duda, lo mejor es tirar las sobras a la basura.

Plantilla para hechizos

Utiliza esta plantilla básica para empezar a escribir tus propios hechizos y rituales. También puedes tomar cualquier hechizo del libro como punto de partida y adaptarlo a tu propósito.

Intenciones:

Utensilios e ingredientes:

Sincronización:

Ubicación:

CORRESPONDENCIAS

Las siguientes listas de correspondencias te ayudarán a elaborar tus propios hechizos. Tal vez no estés de acuerdo con todas las asociaciones, y algunas pueden diferir de una cultura a otra, así que déjate guiar por la intuición y haz sustituciones lógicas.

Colores

Estas son las asociaciones habituales de los colores, aunque pueden variar, dependiendo de la persona y la cultura.

BLANCO Purificación, curación, bendiciones, protección, sustituye a cualquier otro color

NEGRO Protección, alejamiento y amarre, antepasados, trabajo espiritual, honrar a los muertos

MARRÓN Hogar, estabilidad, crecimiento y fuerza, tierra

ROJO Pasión, poder, sexo y libido, fuerza, elemento: fuego

NARANJA Creatividad, inspiración, buena suerte, éxito, positividad, comunicación

AMARILLO Felicidad, claridad y memoria, comunicación, energía, elemento: aire

VERDE Curación, fertilidad, crecimiento, abundancia, suerte, equilibrio, prosperidad, elemento: tierra

AZUL Paz y tranquilidad, sabiduría, renovación y perdón, curación y protección, elemento: agua

MORADO Habilidades psíquicas, intuición, adivinación, reinos más elevados

ROSA Amor, amistad, belleza, autoestima

PLATEADO Espiritualidad e intuición, sueños, energías lunares, deidad femenina

DORADO Éxito, riqueza, atracción, deidad masculina

Fases de la luna

Puedes usar solo las fases principales (luna nueva, cuarto creciente, luna llena y cuarto menguante) o también las intermedias (creciente cóncava, creciente convexa, etc.). Estas son las asociaciones más comunes de cada fase lunar.

 LUNA NUEVA
Nuevos comienzos, invocaciones, purificación y protección, trabajo de sombra, adivinación

 CRECIENTE CÓNCAVA
Intenciones, atracción y motivación, éxito

 CUARTO CRECIENTE
Creatividad, crecimiento, acción, amor

 CRECIENTE CONVEXA
Perfeccionamiento y análisis, buena salud, atracción

 LUNA LLENA
Recarga, purificación, fuerza, curación, buen momento para cualquier hechizo

 MENGUANTE CONVEXA
Deshacer, ordenar, trabajos dañinos, purificación

 CUARTO MENGUANTE
Rotura de malos hábitos, alejamiento, rotura de maldiciones

 MENGUANTE CÓNCAVA
Gratitud, sabiduría, dejar ir

Días de la semana

Estas son las correspondencias habituales que se emplean sobre todo en los países europeos —trabaja con estas u otras que consideres más adecuadas para tu práctica—. Hay días asociados a muchas deidades y espíritus, algo que puedes tener en cuenta si trabajas con alguno de ellos.

 LUNES-LUNA
Pureza, espiritualidad, purificación, poder lunar, magia y adivinación, curación, energías femeninas

 MARTES-MARTE
Fuerza, energía, pasión, motivación, movimiento, ambición, energías masculinas, alejamiento

 MIÉRCOLES-MERCURIO
Conocimiento, comunicación, arte y creatividad, confianza, viaje y cambio

 JUEVES-JÚPITER
Suerte, crecimiento, éxito y satisfacción, juramentos y acuerdos

 VIERNES-VENUS Y TIERRA
Fertilidad, amor, sexo, romance, prosperidad, poder femenino, familia y amigos

 SÁBADO-SATURNO
Temas legales y contratos, cambio y renovación, protección, libertad

DOMINGO – SOL
Poder solar, éxito y victoria, empoderamiento, riqueza material y posesiones, salud y vitalidad, poder masculino

Cristales

Los cristales no son elementos inherentes a la brujería, pero se utilizan desde hace siglos en culturas de todo el mundo como ornamento o para fines mágicos como protección, adivinación y amplificación de la energía. Esta lista muestra las asociaciones más comunes, aunque en absoluto incluye todos los cristales y sus correspondencias. Medita con tus cristales y trata de identificar las energías que te transmiten —pueden discrepar de las asociaciones habituales—. El cuarzo transparente, el «padre de los cristales», puede sustituir a todos los demás cristales e intensificar su poder cuando se combina con ellos.

ÁGATA Salud, alegría, serenidad

ÁGATA FLOR Prosperidad

ÁGATA MUSGOSA Amistad, comunicación

AGUAMARINA Salud, prosperidad, alegría, serenidad, trabajo, ambición

ALEJANDRITA Trabajo, ambición

AMATISTA Protección, crecimiento personal, salud, amistad, comunicación

AMAZONITA Amistad, comunicación, trabajo, ambición

ÁMBAR Protección, crecimiento personal, salud, amor, sexo, trabajo, ambición

AMETRINO Salud

ANGELITA Amistad, comunicación

APATITA Amistad, comunicación

AZABACHE Protección

AZURITA Crecimiento personal, amistad, comunicación

CALCEDONIA AZUL Crecimiento personal, salud, amistad, comunicación, alegría, serenidad

CALCITA Protección, salud

CALCITA DE MIEL Prosperidad, alegría, serenidad

CELESTITA Salud, amistad, comunicación

CHAROITA Crecimiento personal

CITRINO Prosperidad, salud, amistad, comunicación, alegría, serenidad, trabajo, ambición

CORNALINA Protección, salud, trabajo, ambición

CRISOCOLA Amistad, comunicación

CRISOPRASA Salud

CRISTAL DE ROCA Protección

CUARZO AHUMADO Protección

CUARZO ROSA Salud, amor, sexo, amistad, comunicación, alegría, serenidad

CUARZO TRANSPARENTE Protección, prosperidad, salud, amistad, comunicación

CUARZO VERDE Prosperidad

DIAMANTE Protección, prosperidad, amor, sexo, trabajo, ambición

ESPATO SATINADO Protección, amistad, comunicación, alegría, serenidad

FLUORITA Crecimiento personal, amistad, comunicación

GRANATE Protección, amor, sexo, ambición

HELIOLITA Salud, trabajo, ambición

HELIOTROPO Protección, trabajo, ambición

HEMATITA Protección

JADE Trabajo, ambición

JASPE Salud

JASPE OCEÁNICO Alegría, serenidad

JASPE ROJO Protección

LABRADORITA Protección, crecimiento personal, trabajo, ambición

LARIMAR Salud

LEPIDOLITA Protección, alegría, serenidad

MADERA FOSILIZADA Salud

MALAQUITA Protección, prosperidad, crecimiento personal, trabajo, ambición

MOLDAVITA Crecimiento personal

MORGANITA Amor, sexo

OBSIDIANA Protección, crecimiento personal, alegría, serenidad

OBSIDIANA NEVADA Protección

OJO DE TIGRE Prosperidad, crecimiento personal, protección, amistad, comunicación, trabajo, ambición

ÓNICE Protección

ÓPALO Prosperidad, trabajo, ambición

ÓPALO ROSA Amor, sexo

PERIDOTO Prosperidad, trabajo, ambición

PIEDRA DE LUNA Crecimiento personal, salud, amor, sexo, amistad, comunicación

PIRITA Prosperidad, trabajo, ambición

RODOCROSITA Amor, sexo, amistad, comunicación

RODONITA Amor, sexo, alegría, serenidad

RUBÍ Prosperidad

SAL Protección, salud, trabajo, ambición

SELENITA Protección, amistad, comunicación, alegría, serenidad

SODALITA Crecimiento personal, alegría, serenidad, salud

TURQUESA Protección, prosperidad, amistad, comunicación

UNAQUITA Alegría, serenidad

ZAFIRO Trabajo, ambición

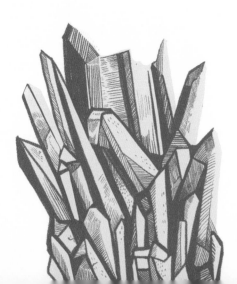

Elementos y puntos cardinales

Estas son las asociaciones tradicionales, pero si te parece que no cuadran contigo y con el lugar donde vives, cámbialas. Por ejemplo, si estás en una zona con mucho viento del norte, modifica los puntos cardinales para adaptarlos a tu circunstancia.

• Nota para el hemisferio sur: hay personas que intercambian todas las asociaciones de los puntos cardinales (incluidas las del este y el oeste), mientras que otras solo intercambian las del norte y el sur. De nuevo, esto depende completamente de ti y de lo que sientas más lógico.

ELEMENTOS MÁGICOS

TIERRA El elemento más lento, crecimiento y movimiento pausado

AIRE Se mueve con libertad, a menudo asociado a los pensamientos e ideas

FUEGO El elemento más rápido, apremiante, libera energía casi instantáneamente, no suele ser duradero

AGUA Lento y constante, a menudo asociado a la emoción o la energía vital

HEMISFERIO NORTE

NORTE Tierra

ESTE Aire

SUR Fuego

OESTE Agua

HEMISFERIO SUR

NORTE Fuego

ESTE Aire

SUR Tierra

OESTE Agua

Plantas

Además de ser imprescindibles para la vida, todas las culturas han empleado las plantas como alimento y para prácticas espirituales. Ten mucho cuidado al usar plantas —infórmate bien sobre cada una, sobre todo si vas a ingerirlas (muchas especies son tóxicas)— y ten en cuenta las posibles reacciones alérgicas antes de emplear cualquiera de ellas. Por supuesto, esta lista no es exhaustiva y tal vez incluya ciertas correspondencias con las que no estés de acuerdo —opta siempre por lo que tú consideres correcto—.

A

ABEDUL Protección, alejamiento, purificación

ACEBO Protección, buena suerte

AGUACATE Amor, belleza, deseo sexual

AJENJO Protección, habilidades psíquicas, amor

AJO Protección, alejamiento, curación, deseo sexual

ALBAHACA Protección, amor, prosperidad, habilidades psíquicas

ALMENDRO Dinero, prosperidad

ALOE Paz, curación, éxito, prosperidad

AMAPOLA Dinero, éxito, amor, sueño, fertilidad

ANGÉLICA Protección, alejamiento, curación, habilidades psíquicas

ANÍS Protección, purificación, sueño protegido

ANÍS ESTRELLADO Protección, habilidades psíquicas, buena suerte

ARÁNDANO Protección, protección del hogar

ARCE Felicidad, amor, prosperidad

ÁRNICA Curación

ARTEMISA Protección, habilidades psíquicas, sueños, fuerza, curación

AZAFRÁN Curación, fuerza, felicidad, amor, deseo sexual, habilidades psíquicas

B

BAMBÚ Protección, alejamiento, buena suerte, éxito

BERGAMOTA Prosperidad, buena suerte, claridad

BREZO Protección, buena suerte

C

CACTUS Protección, defensa

CAFÉ Protección, alejamiento, pasión, fuerza, deseo sexual

CALABAZA Prosperidad, invocación

CALÉNDULA Protección, habilidades psíquicas, acuerdos, felicidad

CANELA Prosperidad, protección, éxito, curación

CAÑA DE AZÚCAR Amor, deseo sexual

CÁÑAMO ÍNDICO Curación, habilidades psíquicas, paz

CARDAMOMO Amor, deseo sexual

CARDO Protección, alejamiento, rotura de maleficios, curación, fuerza

CEBADA Amor, curación, protección

CEBOLLA Protección, alejamiento, prosperidad, curación, habilidades psíquicas, deseo sexual

CEDRO Protección, purificación, curación, prosperidad

CELIDONIA Protección, felicidad, acuerdos

CEREZO Amor, adivinación

CHOCOLATE Buena suerte, deseo sexual, felicidad

CILANTRO Protección, amor, curación

CLAVEL Protección, fuerza, curación

CLAVO Protección, alejamiento, amor, dinero, curación

COCO Protección, purificación

COMINO Protección, alejamiento

CONSUELDA Protección, viaje, dinero

CRISANTEMO Protección

CROCO Amor, adivinación

CÚRCUMA Purificación, curación

D

DIENTE DE LEÓN Curación, adivinación, éxito

E

ENEBRO Protección, alejamiento, curación, amor

ENELDO Protección, dinero, amor, deseo sexual

ESPINAS Protección, defensa

ESPINO AMARILLO Protección, alejamiento, éxito, acuerdos

EUCALIPTO Protección, curación

F

FLOR DE LAS NIEVES Protección, éxito

FRAMBUESO Protección, amor

FRESA Amor, buena suerte

FRESNO Protección, prosperidad, curación

G

GARDENIA Habilidades psíquicas, paz, curación, amor

GERANIO Protección, curación, fertilidad, amor

GINSENG Protección, curación, éxito, amor, belleza

GIRASOL Sabiduría, curación, éxito, fertilidad, felicidad

GRANADO Habilidades psíquicas, éxito, dinero, fertilidad

GUINDILLA Rotura de maleficios, amor

H

HAMAMELIS Protección, alejamiento, curación

HELECHO Protección, alejamiento, prosperidad, dinero, curación

HIBISCO Adivinación, amor, deseo sexual

HIEDRA Protección, curación, adivinación

HIERBA LUISA Purificación, amor

HIGO Adivinación, amor, fertilidad

HINOJO Protección, purificación, curación

HIPÉRICO Protección, fuerza, felicidad, curación

J

JACINTO Protección, felicidad, amor

JALAPA Dinero, felicidad, amor

JAZMÍN Protección, sueños, dinero, amor

JENGIBRE Curación, dinero, éxito, poder, amor

L

LAUREL Protección, purificación, curación, fuerza, habilidades psíquicas, invocación

LAVANDA Protección, purificación, felicidad, curación, sueño, amor, paz

LILA Protección, alejamiento

LIMA Protección, curación, amor, buena suerte

LIMÓN Protección, alejamiento, purificación, amor, amistad

LIRIO Protección, rotura de maleficios, fuerza

LOTO Protección

M

MADRESELVA Protección, habilidades psíquicas, dinero

MAJUELO Protección, felicidad, fertilidad

MANDARINA Curación, felicidad, buena suerte

MANDRÁGORA Protección, prosperidad, amor, curación, fertilidad, habilidades psíquicas, sueños

MANZANILLA Protección, paz, sueño, alejamiento, purificación, prosperidad

MANZANA Protección, amor, curación

MARGARITA Amor, felicidad

MEJORANA Protección, prosperidad, felicidad, amor, curación

MELOCOTÓN Alejamiento, amor, fertilidad, éxito

MENTA PIPERITA Purificación, sueño, habilidades psíquicas, curación, amor, prosperidad

MENTA Protección, alejamiento, viaje, prosperidad, dinero, deseo sexual

MIRRA Protección, alejamiento, curación, habilidades psíquicas

MIRTO Paz, amor, dinero, fertilidad

MUÉRDAGO Protección, alejamiento, buena suerte, amor, curación

MUGUETE Protección, felicidad, habilidades psíquicas

MUSGO Dinero, buena suerte

N

NARANJA Buena suerte, prosperidad, habilidades psíquicas, amor

NARCISO Amor, fertilidad, buena suerte

NÉBEDA Amor, belleza, felicidad

NUEZ Protección, habilidades psíquicas, éxito, curación

NUEZ MOSCADA Prosperidad, buena suerte, curación

O

OLÍBANO Protección, alejamiento, habilidades psíquicas

P

PACHULÍ Deseo sexual, dinero, fertilidad

PAPAYA Protección, amor

PEONÍA Protección, alejamiento

PIE DE LEÓN Amor

PIMIENTA NEGRA Protección, alejamiento, defensa

PLÁTANO Prosperidad, fertilidad

PATATA Protección, prosperidad

PRÍMULA Protección, amor

R

ROBLE Protección, curación, dinero, buena suerte, fertilidad

ROMERO Protección, alejamiento, purificación, curación, habilidades psíquicas, sueño, amor, deseo sexual

ROSA Protección, habilidades psíquicas, curación, buena suerte, amor, deseo sexual

RUDA Alejamiento, rotura de maleficios, curación, habilidades psíquicas, amor

S

SALVIA Protección, purificación, éxito, sabiduría

SÁNDALO Protección, alejamiento, éxito, curación, habilidades psíquicas

SANGRE DE DRAGÓN Protección, alejamiento, amor, fertilidad

SAUCE Protección, curación, amor

SAÚCO Protección, alejamiento, curación, sueño, properidad

SELLO DE SALOMÓN Protección, alejamiento, buena suerte

SERBAL Protección, éxito, curación, habilidades psíquicas

T

TOMILLO Purificación, sueño, habilidades psíquicas, curación, amor, valor

TRÉBOL Protección, alejamiento, amor, éxito

V

VAINILLA Habilidades psíquicas, amor, deseo sexual, felicidad

VALERIANA Protección, purificación, sueño, amor

VERBENA Protección, purificación, paz, prosperidad, curación, sueño, amor

VIOLETA Protección, éxito, paz, curación, deseo sexual, amor, buena suerte

Z

ZANAHORIA Curación, fertilidad, deseo sexual

ZARZA Protección, prosperidad, curación

ÍNDICE

Bibliografía

PÁGINAS 10-11: Lipscomb, Suzannah, *Magia, brujería y ocultismo,* DK, 2021.

PÁGINAS 12-13: Mooney, Thorn, *Traditional Wicca: A Seeker's Guide,* Llewellyn Worldwide, 2018.

PÁGINAS 16-17: Agrippa, Enrique Cornelio, *Filosofía oculta I, II y III,* Misterium, 2017.

Adler, Margot, *Drawing Down the Moon,* Penguin, 1979.

Farrar, Janet & Stewart, *Spells and How They Work,* Open Road Integrated Media, 2012.

PÁGINAS 18-19: Valiente, Doreen, *The Charge of the Goddess: The Poetry of Doreen Valiente,* Doreen Valiente Foundation, 2014.

PÁGINA 26: DuQuette, Lon Milo, Shoemaker, David, Skinner, Stephen, Llewellyn's *Complete Book of Ceremonial Magick: A Comprehensive Guide to the Western Mystery Tradition,* Llewellyn Worldwide, 2020.

PÁGINAS 26-27 Y PÁGINA 29: Auryn, Mat, *Brujería psíquica. Una guía metafísica para la meditación, la magia y la manifestación,* Obelisco, 2022.

PÁGINAS 29-45: Miller, Jason, *Magia para protegerse y combatir los hechizos,* Obelisco, 2008.

PÁGINAS 144-147: Hatsis, Thomas, *The Witches' Ointment: The Secret History of Psychedelic Magic,* Inner Traditions/Bear & Company, 2015.

PÁGINA 155: Hutton, Ronald, *The Witch: A History of Fear, from Ancient Times to the Present,* Yale University Press, 2017.

PÁGINAS 178-183 Y EN TODO EL LIBRO: Kynes, Sandra, *Llewellyn's Complete Book of Essential Oils: How to Blend, Diffuse, Create Remedies, and Use in Everyday Life,* Llewellyn Worldwide, 2019.

Kynes, Sandra, *Llewellyn's Complete Book of Correspondences: A Comprehensive & Cross-Referenced Resource for Pagans & Wiccans,* Llewellyn Worldwide, 2013.

Pradas, Lidia, *El grimorio absoluto. Prácticas mágicas y conjuros para despertar tu bruja interior,* Anaya Multimedia, 2021.

Valiente, Doreen, *An ABC of Witchcraft Past and Present,* Robert Hale Non-Fiction, 2018.

PÁGINAS 179-180: Hall, Judy, *La biblia de los cristales,* Gaia Ediciones, 2007.

PÁGINAS 181-183: Cunningham, Scott, *Enciclopedia de las hierbas mágicas,* Arkano Books, 2008.

Descargo de responsabilidad

Sobre la autora

Ella Harrison lleva más de una década practicando brujería, y su deseo es inspirar y ofrecer información sobre hechicería y prácticas paganas. Es conocida por su canal de YouTube, en el que publica vídeos sobre wicca y brujería para principiantes. Ella nació en Nueva Zelanda y creció en una familia alemana que practica varias formas de brujería. Es licenciada en Antropología Social y Cultural y crea contenido para YouTube, Instagram y TikTok. Ella y su marido, Karlis, son propietarios de un pequeño negocio de cristales llamado Silverfern Crystals (ekstones.com).

Agradecimientos

Agradecimientos de la autora

Gracias, querido lector, por escoger mi libro y dedicar tu tiempo a leerlo. Sin ti, y sin todo el apoyo que he recibido personalmente y a través de internet, no habría tenido la oportunidad de escribirlo, y por eso te estaré siempre agradecida.

Gracias a mi amado esposo, Karlis, por creer siempre en mí, apoyarme y mantener mis niveles de hidratación y cafeína, además de llevarme el cargador del móvil, durante el proceso de escritura. No puedo dar las gracias a mis peludos Chip y Bennie, ya que se niegan a hablar, pero sus arrumacos y lametones me vinieron muy bien durante la escritura de este libro (y después). Gracias muy especialmente a Hannah y Autumn por ofrecerme su apoyo emocional, y por inspirarme con su práctica.

Por supuesto, este libro no sería lo que es sin mi increíble editora Emma —gracias por responder a todas mis preguntas y por ayudarme a escribir el libro—. ¡Sin ti, no habría sabido por dónde empezar!

Gracias a todo el equipo de DK. El proceso ha sido increíble y me siento enormemente agradecida por esta experiencia. ¡Menuda oportunidad!

Y por último, aunque no por ello menos importante, gracias a mi familia —a mi madre y mi abuela por introducirme en el mundo del tarot, los cristales, los espíritus y la magia y por educarme para ser la bruja que soy hoy, y a mi padre por apoyarme, ser mi mecenas y mostrarse siempre comprensivo—. A mi padre y mi madrastra, que probablemente no sean conscientes de lo importante que fue aquel primer libro de sueños y hechizos que encontré en un puesto de segunda mano cuando era una niña, y que siempre apoyaron mi interés por la brujería. A mi abuelo, mi primer editor cuando traté de ser escritora en la adolescencia, por apoyar mis aventuras creativas. ¿Quién hubiera pensado que llegaría a cumplir ese sueño de la infancia? Y por supuesto no puedo olvidarme de mi (segundo) mayor seguidor, Kind —¡lo siento, Julia! (he dicho segundo porque a Karlis seguramente le molestaría no aparecer como el primero)—.

Agradecimientos de la editorial

DK quiere dar las gracias a Aleksandra Czudżak por su incansable trabajo y sus bellas ilustraciones, a John Friend por la revisión del texto y a Marie Lorimer por el índice.

Edición de proyecto sénior	Emma Hill
Diseño de proyecto sénior	Tom Forge y Emma Forge
Edición sénior	Dawn Titmus
Diseño de proyecto	Louise Brigenshaw
Edición de proyecto	Izzy Holton
Diseño de cubierta	Amy Cox
Coordinación de cubierta	Jasmin Lennie
Edición sénior de producción	Tony Phipps
Producción sénior	Luca Bazzoli
Responsable editorial	Ruth O'Rourke
Responsable diseño	Marianne Markham
Dirección de arte	Maxine Pedliham
Dirección editorial	Katie Cowan
Ilustración	Aleksandra Czudżak

Publicado originalmente en Gran Bretaña por
Dorling Kindersley Limited
DK, One Embassy Gardens, 8 Viaduct Gardens,
London, SW11 7BW

Copyright © 2022 Dorling Kindersley Limited
Parte de Penguin Random House Company
Título original: The book of spells
Primera edición, 2023
© Traducción al español:
2022 Dorling Kindersley Limited
Servicios editoriales: Moonbook
Traducción: Montserrat Nieto Sánchez

ISBN: 978-0-7440-7912-8

Impreso y encuadernado en China

Para mentes curiosas
www.dkespañol.com

Este libro se ha fabricado con papel certificado por el Forest
Stewardhip Council™ como parte del compromiso de DK
hacia el futuro sostenible. Para más información, visite la página
www.dk.co/our-green-pledge